# ARTHUR RIMBAUD

# PAGES CHOISIES

avec une Notice biographique, une Introduction,
des Notes explicatives, une Documentation thématique,
des Jugements, un Questionnaire et des Sujets de devoirs,

par

ÉTIEMBLE
Professeur à la Sorbonne

*ÉDITION REMISE À JOUR*

## LIBRAIRIE LAROUSSE
17, rue du Montparnasse, 75298 PARIS

# ARTHUR RIMBAUD ET SON TEMPS

| | LA VIE ET L'ŒUVRE DE RIMBAUD | LE MOUVEMENT INTELLECTUEL ET ARTISTIQUE | LES ÉVÉNEMENTS HISTORIQUES |
|---|---|---|---|
| 1854 | Naissance d'A. Rimbaud (20 octobre). | E. Augier : le Gendre de M. Poirier. | Guerre de la France et de l'Angleterre contre la Russie : bataille de l'Alma, siège de Sébastopol. |
| 1869 | Vers latins publiés au Moniteur de l'enseignement secondaire. | P. Verlaine : les Fêtes galantes. E. Renan : Saint Paul. G. Flaubert : l'Éducation sentimentale. J. Michelet termine son Histoire de France. Tolstoï : la Guerre et la paix. Mort de Berlioz. | Opposition croissante contre l'Empire. Élections favorables au tiers parti. Chute de Rouher; réformes libérales. Ouverture du canal de Suez. |
| 1870 | Élève de rhétorique. Fugues à Paris, puis en Belgique ; essais de journalisme. | P. Verlaine : la Bonne Chanson. H. Taine : De l'intelligence. | Ministère Ollivier. Guerre franco-allemande. Capitulation de Sedan; révolution du 4-Septembre. |
| 1871 | Nouvelles fugues à Paris (février et avril). Lettre du « voyant » (mai). Lettres à Verlaine accompagnées de poèmes : les Premières Communions, Paris se repeuple, etc. Le Bateau ivre. Départ pour Paris (septembre). | É. Zola : la Fortune des Rougon. E. Renan : la Réforme intellectuelle et morale. Naissance de Marcel Proust. | Fin de la guerre franco-allemande. Chute de Paris. La Commune. Traité de Francfort. |
| 1872 | Séjour avec Verlaine à Bruxelles, puis à Londres. Retour à Paris (novembre). Écrit Larme, la Comédie de la soif et, probablement, des Illuminations. | V. Hugo : l'Année terrible. Sully Prudhomme : Impressions de la guerre. F. Coppée : les Humbles. | Réorganisation de la vie politique sous la présidence de Thiers; loi sur le service militaire. |
| 1873 | Nouveau séjour avec Verlaine, à Londres, puis à Bruxelles. Est blessé d'un coup de revolver par Verlaine (10 juillet). Impression d'Une saison en enfer. | É. Zola : le Ventre de Paris. | Démission de Thiers (24 mai), remplacé par Mac-Mahon. Libération définitive du territoire. |

© Librairie Larousse, 1973.

ISBN 2-03-870148-2

| Année | Vie de Rimbaud | Littérature et arts | Histoire |
|---|---|---|---|
| 1874 | Nouveau séjour à Londres, mais avec Germain Nouveau. Il recopie les *Illuminations*. | P. Verlaine : *Romances sans paroles*. G. Flaubert : *la Tentation de saint Antoine*. | Travaux de la commission de l'Assemblée nationale chargée de préparer les lois constitutionnelles. |
| 1875 | Voyage en Allemagne, puis à Milan. Fin de l'activité poétique. | Mort de T. Corbière. Succès des poètes parnassiens. Mort de G. Bizet. | Vote des trois lois constitutionnelles. Menace de guerre franco-allemande. |
| 1876 | S'engage dans l'armée néerlandaise. Part pour Java, déserte à Batavia, revient en Europe par Le Cap. | St. Mallarmé : *l'Après-midi d'un faune*. A. Daudet : *Jack*. A. Dumas fils : *l'Étrangère*. Mort de G. Sand. A. Renoir : *le Moulin de la Galette*. Invention du téléphone par Bell. | Élection à la Chambre d'une majorité nettement républicaine. Congrès national ouvrier de Paris. |
| 1877 | Voyage à travers l'Europe. | V. Hugo: *la Légende des siècles* (2e série). G. Flaubert : *Trois Contes*. E. de Goncourt : *la Fille Élisa*. A. Rodin : *l'Age d'airain*. Invention du phonographe par Edison et Ch. Cros. | Crise du 16 mai. Dissolution de la Chambre par Mac-Mahon (25 juin). Élections législatives renvoyant une nouvelle majorité républicaine (octobre). Guerres balkaniques. |
| 1878 | Veut partir pour l'Orient, mais tombe malade à Marseille. Voyage à pied de Charleville à Gênes. S'embarque pour Alexandrie et devient chef de chantier à Chypre. | H. Becque : *la Navette*. | Congrès de Berlin organisant l'Europe orientale. |
| 1880 | Après un séjour en France, retour à Chypre. Devient agent de la maison Bardey, d'Aden, et part pour le Harar. | Mort de G. Flaubert. É. Zola et ses amis : *les Soirées de Médan*. Premiers « mardis » chez Mallarmé. Dostoïevsky : *les Frères Karamazov*. Invention par Edison de la lampe à incandescence. | Le 14-Juillet devient fête nationale. Loi d'amnistie : retour des anciens communards. Décrets sur l'expulsion des jésuites. |
| 1886 | Vend des armes à Ménélik. Les *Illuminations* publiées à Paris par Verlaine. | P. Loti : *Pêcheur d'Islande*. G. Fauré : *Requiem*. | Début de l'agitation boulangiste. Grève des mineurs de Decazeville. |
| 1887 | De nouveau, gérant d'une factorerie au Harar : commerce d'ivoire, de café, etc. | St. Mallarmé : *Poésies*. Antoine fonde le Théâtre-Libre. G. Strindberg : *Père*. Mort de Borodine. | Élection de Sadi Carnot à la présidence de la République, après la démission de J. Grévy. Affaire Schnæbelé. |
| 1891 | Malade, revient en France. Mort d'A. Rimbaud à l'hôpital de la Conception de Marseille (10 novembre). | St. Mallarmé : *les Cahiers d'André Walter*. M. Barrès : *le Jardin de Bérénice*. Travaux d'Helmholtz sur l'électricité. | Fusillade de Fourmies. |

# RÉSUMÉ CHRONOLOGIQUE DE LA VIE D'ARTHUR RIMBAUD
## (1854-1891)

1854 (20 octobre). — Naissance de Jean-Nicolas-Arthur Rimbaud, à Charleville.

1862-1869. — Étude à l'institution Rossat; au collège de Charleville.

1870. — Le 2 janvier, *la Revue pour tous* publie les *Étrennes des orphelins ;* le 15 avril, le *Moniteur de l'enseignement secondaire* publie, signée de Rimbaud, une *Invocation à Vénus*, où le collégien fraudeur démarque, mais corrige avec bonheur, çà et là, une traduction de Lucrèce due à Sully Prudhomme.

— Georges Izambard, nommé professeur de rhétorique, devient le confident d'Arthur Rimbaud, dont il apprécie les dons.

— Mai : Rimbaud écrit à Théodore de Banville, et lui envoie *Credo in unam*, pour *le Parnasse contemporain*.

— Fin août, première fugue : Paris, la prison de Mazas, d'où le tire Georges Izambard.

— Septembre : séjour chez les tantes d'Izambard, à Douai. Essais de journalisme : *Réunion publique rue d'Esquerchin*, paraît dans *le Libéral du Nord*.

— Octobre : nouvelle fugue; nouveau séjour à Douai; Rimbaud y recopie ses poèmes. Nouveaux essais de journalisme.

1871. — Les Allemands occupent Charleville. Nouvelles fugues à Paris, mais, semble-t-il, avant la « semaine sanglante » de la Commune.

— Mai : lettre qu'on dit « du voyant » et qui répète bon nombre de lieux communs romantiques. Poèmes violents, favorables aux communards.

— Août : seconde lettre à Banville, pour lui demander de publier *Ce qu'on dit au poète à propos de fleurs.*

— Nouveaux essais de journalisme. Sous le pseudonyme de Jean Marcel, Rimbaud envoie au *Nord-Est*, la *Lettre du baron de Petdechèvre à son secrétaire au château de Saint-Magloire.*

Deux lettres à Verlaine, coup sur coup, en lui envoyant des poèmes : *les Premières Communions*, *le Cœur volé*, *Paris se repeuple*, etc.

— Septembre : départ pour Paris.

1872. — Liaison avec Verlaine, qui délaisse la jeune femme qu'il vient d'épouser. Rimbaud écrit des poèmes conformes à l'esthétique des lettres datées de mai 1871 : *Larme*, *Comédie de la soif*, etc., et, probablement, des *Illuminations.*

— Septembre : Verlaine et Rimbaud vivent ensemble à Londres.

— Novembre : Rimbaud quitte Verlaine.

1873. — Janvier : il rejoint Verlaine; reste à Londres après le départ de Verlaine.

— Au printemps, de retour à Charleville, commence le *Livre païen*, ou *Livre nègre*.

— Fin mai : nouveau départ pour l'Angleterre, avec Verlaine. Verlaine quitte Rimbaud en juillet. A Bruxelles, le 10 juillet, où les deux amis se sont retrouvés, Verlaine blesse Rimbaud d'une balle de revolver. Arrestation de Verlaine.

— Fin juillet, retour à Roche, où Rimbaud continue le *Livre païen*, qui, transformé, devient *Une saison en enfer.*

1874. — Recopie les poèmes en prose rassemblés plus tard sous le titre d'*Illuminations.*

— Fin octobre : Rimbaud est à Paris, se lie avec Germain Nouveau, part pour Londres avec lui.

1875. — Voyage en Allemagne, en Italie (Milan). Retour à Charleville. En octobre, Rimbaud écrit *Rêve*, un antipoème.

1876-1877. — Rimbaud est à Java, comme engagé volontaire dans l'armée néerlandaise; il déserte.

1877-1879. — Il vient passer l'hiver en France. Il voyage en Europe (Autriche, Allemagne). Séjours à Chypre.

1880-1890. — A Aden, employé de la maison Bardey. Étudie l'arabe, les parlers abyssins, les sciences exactes; écrit sur le Choa et l'Ogaden des relations remarquées des sociétés européennes de géographie. Cependant, il trafique : il essaie même de vendre des esclaves. Le poète Rimbaud, que Verlaine a lancé (*les Poètes maudits*, 1884), devient célèbre dans les cénacles. Les *Illuminations*, puis *Une saison en enfer*, paraissent dans *la Vogue*. *Le Décadent* publie force pastiches et apocryphes.

1891. — Malade, il revient en France; à Marseille, puis à la ferme familiale, à Roche, puis à Marseille encore; il y meurt le 10 novembre. Impossible de rien savoir touchant les derniers instants d'un poète dont toute la vie, l'œuvre entier bafouent les valeurs chrétiennes.

*Rimbaud a dix ans de moins que Verlaine.*

# ARTHUR RIMBAUD

## INTRODUCTION

**Ce qui se passait entre 1869 et 1873.** — EN POLITIQUE : Dernières années de l'Empire qu'on disait « libéral ». Guerre franco-prussienne. Défaites françaises; capitulation de Sedan et chute de l'Empire (4 septembre 1870). Gouvernement de la Défense nationale. La Commune parisienne : Versaillais contre communards; la « Semaine sanglante » de mai 1871. Exécutions massives et déportations de communards. La France est occupée par les Prussiens.

EN LITTÉRATURE : Taine gouverne avec Renan la critique et l'histoire; ce sont alors les deux maîtres de la jeunesse. Taine publie *Philosophie de l'art* (1865-1869), *De l'intelligence* (1870); le *Saint Paul* de Renan est de 1869. La même année, Michelet achève son *Histoire de France* et Flaubert publie *l'Éducation sentimentale*.

Baudelaire, Hugo et Leconte de Lisle se partagent l'admiration des jeunes poètes, avec Coppée, Sully Prudhomme. Le Parnasse est la force neuve, vers qui se tournent les ambitieux. Publication de plusieurs *Parnasses contemporains* : 1ʳᵉ série, 1866; 2ᵉ série, 1869. La troisième paraîtra en 1876.

En août 1868, sans nom d'auteur, inaperçue, paraît une plaquette : *les Chants de Maldoror*, chant premier; en 1869, *les Chants de Maldoror*, par le comte de Lautréamont, sortent chez Albert Lacroix. En mai 1870, Isidore Ducasse, c'est-à-dire Lautréamont, publie sous son vrai nom deux plaquettes de *Poésies* où il renie *les Chants de Maldoror*. En 1869, Verlaine a donné *les Fêtes galantes;* en 1870, *la Bonne Chanson*.

**Le mythe de Rimbaud.** — Tout le monde connaît Rimbaud, et nul ne sait rien de lui. Une image légendaire, qui tend à bientôt devenir une icône, voilà le Rimbaud qui encombre les manuels, les livres d'histoire et de morceaux choisis.

On en a fait le fondateur d'un ordre quasi religieux, le fameux « ordre » symboliste : il a suffi de deux beaux contresens, l'un sur *le Bateau ivre*, l'autre sur les *Voyelles*. Bien éloigné de représenter un poème symboliste, *le Bateau ivre* n'est qu'un lieu commun de la poésie parnassienne; lisez *le Parnasse contemporain* : ce ne sont que bateaux saouls. Quant au sonnet des *Voyelles*, dont on fait le manifeste, ou l'évangile, de la prétendue audition colorée, lisez-le avec soin : les vers qui sont censés illustrer la voyelle U ne contiennent que des I :

> *U cycles, vibrements divins des mers virides,*
> *Paix des pâtis semés d'animaux, paix des rides*
> *Que l'alchimie imprime aux grands fronts studieux.*

Ainsi des autres...

On en a fait un demi-dieu de la secte surréaliste. En isolant de l'œuvre entier certains poèmes, *les Mains de Jeanne-Marie*, par exemple ; en divulguant plusieurs documents inconnus, *Obscur et froncé*, *Un cœur sous une soutane*, Aragon et Breton dressent Arthur Rimbaud contre les trois tabous qu'il s'agit de violer : la religion catholique, l'amour de la patrie et la morale sexuelle. Mais leurs disciples atténuent la virulence de ces textes et s'efforcent d'attirer le poète vers la cabale et la magie, moins directement dangereuses à nos sociétés.

On en a fait un catholique : sa vie (qu'on réduit à deux anecdotes suspectes : l'affaire du sale petit cagot[1] et la prétendue mort chrétienne) devient celle d'un fils repenti, puis d'un saint, parastate de sainte Jeanne d'Arc, frère de sainte Thérèse d'Avila, annonciateur de la petite sainte Thérèse de Lisieux.

On en a fait un fasciste, un bon Germain, un vrai Celte, l'anti-Virgile ; on en a fait un communard, un communiste, un stalinien ; on en a fait un bon bourgeois et de son existence une vie vraiment « charmante » ; on en a fait un vrai voyou, le parangon des pervers, le héros de la drogue.

Plus récemment, Albert Camus a salué en Rimbaud un « aventurier de l'absurde » ; Jean-Paul Sartre, un poète existentialiste qui « se choisit » dans l' « angoisse » ; Isidore Isou, l'arrière-grand-père du lettrisme.

Mieux encore, ou pis : on en a fait un dieu. N'est-il pas né les yeux ouverts ? N'est-il pas « unique » ? Ne forme-t-il pas, avec Lautréamont (mais aussi avec Germain Nouveau, mais avec Hart Crane[2]), un ou plusieurs couples dioscuriques ? N'a-t-il pas reçu le don des langues ? N'a-t-il pas prophétisé sa vie, sa mort, l'importance de la côte des Somalis, la défaite de Guillaume II, le plan de New York, les camps nazis de concentration, le mariage de sa sœur avec Paterne Berrichon ? N'avait-il point les traits mêmes d'un surhomme : un iris, des bras — bref, tout surhumain ? N'a-t-il point incarné l'ange Porte-Lumière, Lucifer ou Satan ?

Cela parfois se discute ; mais si l'on en vient à parfois douter de Rimbaud-Lucifer, c'est qu'on tient que Rimbaud double Jésus

---

**1.** Allusion à une anecdote sur l'enfance de Rimbaud : ses camarades, furieux de sa dévotion, l'auraient rossé et traité de « sale petit cagot » ; **2.** *Germain Nouveau* (1852-1920) resta toute sa vie un poète bohème ; *Hart Crane* (1899-1932), poète américain, auteur de *White Buildings* (1926), *The Bridge* (1930).

ou l'améliore. Né à Bethléem, on le trouve au milieu des docteurs, puis dans le désert, pour les quarante jours d'épreuve, puis au mont des Oliviers, puis sur la croix. Orthodoxes et monophysites discutent âprement sur les deux natures ou non de Rimbaud-Jésus. Les membres de sa famille peu à peu sont divinisés. Le dieu Rimbaud, à qui l'on dresse des autels, pour qui l'on chante des prières; le dieu Rimbaud, dont on vénère les reliques, dont avec piété on imite l'existence; le dieu Rimbaud, qui, pour ainsi dire, a fondé le sacrement de suicide (sacrement que s'administreront Jacques Vaché, René Crevel, Hart Crane, Rabearivelo, Jacques Rigaut[1], entre plusieurs); le dieu Rimbaud, qui a fait deux miracles au moins, est aussi le dieu Protée : voici qu'on l'associe au mythe bonapartiste, au culte de l'Empereur; le voici embarqué sur le navire *Argo*, avec Jason et ses complices, sur la caravelle où Colomb attend les Indes. Sur ces routes de l'aventure, il rencontre les grands maudits, et d'abord le Juif errant : le Juif errant, c'est-à-dire Ismaël, c'est-à-dire Caïn, c'est-à-dire Prométhée, c'est-à-dire enfin Icare; le maudit bientôt se lie avec don Juan, ce maudit de l'amour, avec Faust, ce maudit de la connaissance. Bref, Rimbaud nous est tous les dieux. Il a son propre comput : « Le temps des *assassins*[2] ». Comme l'écrit le poète Louis de Gonzague Frick :

*On proclame son aséité*[3].

Autant que les difficultés qu'on a voulu lire en ses textes, les fugues et les voyages de Rimbaud lui assurent dans les lettres et dans l'histoire des religions une importance démesurée que sans doute il ne gardera pas.

**La vie et l'œuvre de Rimbaud.** — Jean-Nicolas-Arthur Rimbaud naît à Charleville, le 20 octobre 1854, de Frédéric Rimbaud, officier sorti du rang, directeur d'un bureau arabe, qui ne put longtemps supporter le caractère de son épouse, née Vitalie Cuif, paysanne riche et bornée, bigote par surcroît. Abandonné à l'influence d'une mère inculte, mais d'autant plus autoritaire, le jeune Arthur, qui se découvre un peu prodige, et la gloire de son collège, accumule en soi des forces de révolte que plusieurs fugues et de nombreux poèmes qu'il écrit à seize ans n'arrivent point à épuiser. Son professeur de rhétorique, Georges Izambard, lui fait lire Hugo, et Rabelais. Entre-temps, démangé du désir de gloire littéraire, le jeune Arthur envoie au prince impérial des hexamètres en latin, puis une lettre à Banville, pour solliciter une place au *Parnasse*

1. *Jacques Vaché* (1896-1919), auteur de quelques *Lettres* et ami d'André Breton; *René Crevel* (1900-1935), poète surréaliste, puis communiste; *Jean-Joseph Rabearivelo* (1901-1937), poète malgache de langue française, qui publia *la Coupe de cendres* (1924), *Traduit de la nuit* (1935), etc.; *Jacques Rigaut* (1889-1929), connu depuis sa mort par ses *Papiers posthumes*; 2. Voir p. 49; 3. *Aséité* : mot dont se servent les scolastiques pour définir ce qui existe par soi-même *(a se)*, c'est-à-dire Dieu.

*contemporain*. *La Revue pour tous, la Charge*, les journaux ardennais publient sous le nom de Rimbaud, ou sous quelque pseudonyme, voire anonymement, des poèmes et des proses où éclate, en même temps qu'un évident génie verbal, une facilité protéiforme à plagier Hugo, Leconte de Lisle ou, s'il le faut, M. Homais.

La guerre de 1870, la chute de l'Empire aggravent son goût des fugues. Il quitte encore Charleville, où il étudiait les socialistes français; le voici dans Paris assiégé, en février 1871, et qui enrage de ne pas se battre dans les rangs communards. Du moins chantera-t-il *les Mains de Jeanne-Marie*, une de celles que les Versaillais traiteraient de pétroleuse. Sa révolte, qui jusqu'alors s'accommodait de pastiches innocents et inoffensifs, maintenant envahit tout, et tous les vers. C'est aussi le temps des *Premières Communions*, des pamphlets anticléricaux, et de cette satire du Parnasse qu'il envoie encore à Banville : *Ce qu'on dit au poète à propos de fleurs*.

L'amitié d'un certain Bretagne, dont les mœurs font jaser les Carolopolitains, achève de lui révéler sa nature et le secret peut-être d'une révolte contre tout : « N'ayant pas aimé de femmes — quoique plein de sang! — il eut son âme et son cœur, toute sa force, élevés en des erreurs étranges et tristes. » Bretagne est ami de Verlaine, encourage Rimbaud à envoyer des vers, et c'est la phrase trop connue : « Venez, chère grande âme, on vous attend, on vous désire. » *Le Bateau ivre* en poche, Arthur Rimbaud débarque une fois de plus à Paris : vers la gloire, enfin ? Les beaux-parents de Verlaine font grise mine à ce rustaud qui mange malproprement. Mais Verlaine partout le traîne, au café, aux dîners des écrivains et artistes qui se surnommaient eux-mêmes «Vilains Bonshommes ». Valade écrit à son ami Blémont : c'est « Satan au milieu des docteurs ».

Cette amitié va désunir le ménage Verlaine. En mars 1872, Rimbaud quitte Paris, regagne la maison de Roche, et compose là quelques-unes de ses plus subtiles chansons, les plus floues aussi : celle *de la plus haute tour*, la *Comédie de la soif*, etc. Verlaine, toutefois, résigné à tout pour conserver Rimbaud, le rappelle à Paris. Le 7 juillet, les deux vagabonds, *laeti et errabundi*, partent pour la Belgique et l'Angleterre. Vie misérable, que fait plus misérable encore la désunion des deux amis. Rimbaud brusquement repart pour Charleville. Il a écrit d'autres chansons, et des *Illuminations*. En janvier 1873, Verlaine, souffrant, se dit gravement atteint et de la sorte apitoie sa mère, qui envoie Rimbaud à Londres, en lui payant le voyage. Sitôt rétabli le malade un peu imaginaire, Rimbaud regagne Charleville. Il commence un *Livre païen*, ou *Livre nègre*. Quelques semaines plus tard, comme il s'ennuie! Voilà justement que Verlaine vient à Bouillon. Le 24 mai, on se rejoint, on se pardonne tout ; le lendemain, on quitte Anvers pour Londres, où reprend la misère. Après des scènes plus violentes encore que durant le premier séjour, Verlaine cette fois abandonne Rimbaud, arrive à Bruxelles afin d'y arranger une entrevue avec sa femme; si possible, une réconciliation. M<sup>me</sup> Verlaine mère vient seule au rendez-vous. Désemparé, qui donc appeler que Rimbaud ? Celui-ci revient : mais c'est la nouvelle menace d'une séparation, et Verlaine ivre une fois encore, et le coup de revolver. En vain Rimbaud renonce-t-il à porter plainte. On a trouvé sur Paul Verlaine des lettres et des poèmes qui ne laissent aux magistrats belges que peu de doute sur la nature de l'amitié qui unit les deux poètes. Tandis que Verlaine entre pour deux ans à la prison des Carmes, Rimbaud rentre chez sa mère et achève le *Livre nègre*, sur un ton bien différent de celui qui marquait les premiers chapitres. Ce sera *Une saison en enfer*. Poot et C<sup>ie</sup>, de Bruxelles, impriment la plaquette, mais, l'auteur ayant négligé d'en régler la facture, il ne recevra que les justificatifs. L'édition est empilée dans un grenier, chez l'imprimeur. Quarante ans plus tard, un bibliophile en fera l'inventaire : le compte y est, tous les exemplaires imprimés sont bien là.

En 1874, Rimbaud se retrouve à Paris, où l'aborde Germain Nouveau, qui part avec lui pour l'Angleterre. Les deux poètes y vivent de leçons particulières. Rimbaud lui communique ses *Illuminations* : sans doute alors les a-t-il recopiées, à la prière — qui sait ? — de son nouvel ami. En 1875, c'est Stuttgart, où Rimbaud étudie l'allemand, et rosse Paul Verlaine qui vient le catéchiser. Le 19 mai 1876, Rimbaud s'engage dans l'armée hollandaise, pour servir aux Indes néerlandaises. Arrivé en juillet à Batavia, trois semaines après il déserte, s'embarque sur un voilier anglais et regagne Charleville, où il célèbre en famille le premier de l'an 1877. En 1877-1878, Rimbaud parcourt l'Europe, en quête de quoi ? de travail, ou de soi-même ? Vienne, la Hollande, la Suède, Hambourg, la Suisse, le Saint-Gothard, qu'il franchit à pied. En novembre 1878, un bateau l'emporte vers Chypre; il y trouve du travail, tombe malade, revient à Roche, s'y guérit d'une typhoïde, hiverne en famille, mais en 1880 repart pour l'île de Chypre. On l'emploie comme surveillant sur un chantier. En août, la même année, le voici qui gagne Aden. La maison « Viannay, Mazeran, Bardey et C<sup>ie</sup> » l'expédie à la succursale qu'elle vient d'ouvrir au Harar. Ce métier de marchand de peaux ou de café n'assouvit pas son inquiétude. Il rêve de culture scientifique, ce virtuose du vers latin. Il étudie l'arabe et divers parlers indigènes, la géographie, les arts de l'ingénieur et de l'explorateur. En 1882, ses patrons lui offrent l'occasion d'explorer l'Ogaden et celle d'adresser un rapport à la Société française de géographie. Après la liquidation de la maison Viannay et C<sup>ie</sup>, Rimbaud travaille encore pour M. Alfred Bardey. Mais s'il accepte de s'ennuyer en Afrique, c'est pour gagner de l'argent. Il vendra donc des fusils à Ménélik, des nègres à qui voudra. Après toutes sortes d'épreuves, et malgré l'hostilité de l'Intelligence Service, il arrive chez Ménélik : bon prince, et qui refuse de payer le prix convenu. Financièrement, l'expédition est un échec. De 1888 à 1891, Rimbaud se résout donc à reprendre son ancien métier : gérant au Harar d'une factorerie, pour le compte de la maison Tian. En février 1891, il perçoit les premières douleurs du mal qu'on essaya d'appeler un cancer, mais qui était d'origine syphilitique. Amputé de la jambe droite le 9 mai 1891, à Marseille, où il s'est fait rapatrier, il y reviendra mourir après un bref séjour à Roche : ce qu'il croyait une convalescence. Rimbaud meurt à trente-sept ans, le 10 novembre, au moment même où les lettrés s'arrachent les exemplaires non mutilés du *Reliquaire*, le premier recueil de ses premiers poèmes.

Depuis sept ou huit ans on parlait beaucoup de lui, grâce à Verlaine qui le « lança » dans les *Poètes maudits*, et publia les *Illuminations* dans *la Vogue*, puis en volume, ainsi qu'*Une saison en enfer*. Décadents et symbolistes étaient trop heureux d'annexer le mort vivant. Déjà on ne le lit plus, on ne l'apprécie guère : on se borne à le consulter, comme un livre sibyllin, comme la « Bible des temps modernes ».

**L'exemple de Rimbaud.** — A qui veut bien la lire, l'œuvre est pourtant claire : comme la vie.

Aux confins de l'âge romantique et de l'ère technicienne, voici naître dans un pays colonialiste, mais adonné au vers latin, un jeune homme évidemment génial qu'une enfance incomprise enfonce en poésie. Comme la plupart des hommes jeunes, Arthur Rimbaud fait des vers, avant de se choisir un métier lucratif; ses vers à lui sont assez beaux, très beaux : le Parnasse régnant, il les fait parnassiens. Mais la guerre et d'étranges amours mûrissent vite cet abcès : disciple de Jean-Jacques et malheureux sur terre, il essaie, par quelques *Illuminations*, quelques enluminures, d'opposer à la laideur du monde les ressources de son imaginaire. Il croit comprendre qu'on ne peut pas changer sa vie et que, pour agir sur le monde, un seul transformateur est plus puissant que deux cent mille métaphores. Et puis ces romantiques, très ridicules en somme, font du poète une espèce de mage ou de dieu. *A la science et en avant !* A la morale aussi, tels seront nos seuls credo. Impliqué dans les conflits d'impérialisme qui se disputent alors l'Abyssinie et les sources du Nil, Rimbaud se fait explorateur; aussi bon explorateur que jadis il était poète. Lui qui répudiait toute morale, assidûment il en rapprend une.

Que, pour une morale, encore qu'imparfaite, un jeune homme de génie ait délaissé la poésie, c'est une leçon que trop de gens réussissent à oublier. C'est pourtant la leçon que nous donnent, conjointement, *Une saison en enfer* et la vie africaine.

# BIBLIOGRAPHIE SOMMAIRE

## I. ŒUVRES D'ARTHUR RIMBAUD

Une édition critique, avec introduction et notes, a été publiée par M. H. de Bouillane de Lacoste aux éditions du Mercure de France : *Poésies*, 1939 ; *Une saison en enfer*, 1941 ; *Illuminations, Painted Plates*, 1949. — En 1945, M. H. de Bouillane de Lacoste publia chez Fernand Hazan les *Œuvres* de Rimbaud dans une édition où, pour la première fois, les *Illuminations* étaient imprimées après *Une saison en enfer*. Il adopta le même ordre dans l'édition complète des *Œuvres*, Mercure de France, 1950.

Une autre édition des *Œuvres complètes*, dont le texte est établi et annoté par Rolland de Renéville et Jules Mouquet, a paru dans la collection de la Pléiade (éd. Gallimard) en 1946. Le texte parfois diffère de celui qu'a choisi M. de Bouillane de Lacoste ; belle occasion d'étudier les variantes.

Quelques inédits ont paru, dont plusieurs faux, le plus célèbre étant *la Chasse spirituelle*. L'ouvrage parut en 1949, au Mercure de France, fit scandale, fut retiré du commerce. Mais il faut tenir pour authentique :

Arthur RIMBAUD, *Lettre du baron de Petdechèvre à son secrétaire au château de Saint-Magloire*, introduction et commentaire par Jules Mouquet (Genève, Pierre Cailler, 1949).

## II. OUVRAGES CRITIQUES

*Sur sa biographie :*

Jean-Marie CARRÉ, *Vie de Rimbaud* (Paris, Plon, 1939). Nouvelle édition, revue et augmentée, d'une *Vie aventureuse de Jean-Arthur Rimbaud*, parue en 1926.

Henri GUILLEMIN, *Connaissance de Rimbaud, documents inédits* (revue *Mercure de France*, juin 1953) ; *Approche de Rimbaud* (revue *la Table ronde*, septembre 1953) ;

Georges IZAMBARD, *Rimbaud tel que je l'ai connu*. Préface et notes de H. de Bouillane de Lacoste et Pierre Izambard (Paris, Mercure de France, 1946) ;

Henri MATARASSO et Pierre PETITFILS, *Vie d'Arthur Rimbaud* (Paris, Hachette, 1962).

*Sur son œuvre :*

Jacques RIVIÈRE, *Rimbaud* (Paris, Kra, 1930). Livre émouvant et
beau, mais qui ne fut publié qu'après la mort de l'auteur;
toutefois, on n'y signale pas que Jacques Rivière avouait en 1923
s'être trompé sur les *Illuminations* en leur attribuant un « caractère mystique » (lettre du 10 décembre 1923 à Ernst-Robert
Curtius);

Benjamin FONDANE, *Rimbaud le voyou* (Paris, Denoël et Steele,
1933), où Rimbaud est mis à la mode existentialiste;

Henry DE BOUILLANE DE LACOSTE, *Rimbaud et le problème des
« Illuminations »* (Paris, Mercure de France, 1949). Les *Illuminations* seraient postérieures à *Une saison en enfer ;* l'auteur se
réfère à des manuscrits qui ne sont que des copies tardives,
sans ratures.

André BRETON, *Flagrant Délit. Rimbaud devant la conjuration de
l'imposture et du truquage* (Paris, Thésée, 1949). Critique aiguë,
violente parfois, des arguments produits par M. de Lacoste dans
l'ouvrage précédent.

J'étais arrivé aux mêmes conclusions dans un essai intitulé *Rim-
baldisme et Rimbaldite* (revue *les Temps modernes*, novembre 1949).
C'est pourquoi je rétablis l'ordre ancien (auquel il convient d'ailleurs de n'accorder que peu de prix).

Je m'excuse d'ajouter à cette liste deux ouvrages auxquels
j'ai collaboré :

ÉTIEMBLE et YASSU GAUCLÈRE, *Rimbaud*, nouvelle édition revue et
augmentée (Paris Gallimard, « les Essais », XLIV, 1950).

ÉTIEMBLE, *le Mythe de Rimbaud* (4 vol., Paris, Gallimard, 1952-1961).

Yves BONNEFOY, *Rimbaud par lui-même* (Paris, Ed. du Seuil, 1962).

## III. ICONOGRAPHIE

F. RUCHON, *Rimbaud. Documents iconographiques* (Vesenaz-Genève,
Pierre Cailler, 1946). Incomplet. Le commentaire des images
est souvent hasardeux.

Jean-Marie CARRÉ, *Autour de Verlaine et de Rimbaud. Dessins
inédits de Paul Verlaine, Germain Nouveau et Ernest Delahaye*
(Cahiers Jacques Doucet, 1949; repris en 1952 par la librairie
Gallimard). Précieux pour la connaissance de l'homme Rimbaud
et de son mythe.

# PAGES CHOISIES

## PREMIÈRES PROSES

[On y voit des dons évidents, de la facilité au pastiche, quelques lectures; rien toutefois qui nous impose de tenir l'enfant pour génial.]

### NARRATION

[Impossible de dater ce texte avec précision. Berrichon, dont les mensonges ne se comptent plus, le prétendait écrit en 1862-1863; Jules Mouquet, le savant éditeur de Rimbaud, opterait pour 1864. Rimbaud n'aurait alors que dix ans.]

Le soleil était encore chaud; cependant il n'éclairait presque plus la terre; comme un flambeau placé devant les...[1] ne les éclaire plus que par une faible lueur, ainsi le soleil, flambeau terrestre, s'éteignait en laissant échapper de son corps de feu une dernière et faible lueur, qui cependant laissait encore voir les feuilles vertes des arbres, les petites fleurs qui se flétrissaient, et le sommet gigantesque des pins, des peupliers et des chênes séculaires. Le vent rafraîchissant, c'est-à-dire une brise fraîche, agitait les feuilles des arbres avec un bruissement à peu près semblable à celui que faisaient les eaux argentées du ruisseau qui coulait à mes pieds. Les fougères courbaient leur front vert devant le vent. Je m'endormis, non sans m'être abreuvé de l'eau du ruisseau.

Je rêvai que... j'étais né à Reims, l'an 1503.

Reims était alors une petite ville ou, pour mieux dire, un bourg cependant renommé à cause de sa belle cathédrale, témoin du sacre du roi Clovis.

Mes parents étaient peu riches, mais très honnêtes : ils n'avaient pour tout bien qu'une petite maison qui leur avait toujours appartenu et, en plus, quelques mille francs

---

1. Lacune dans le texte.

auxquels il faut encore ajouter les petits louis provenant des économies de ma mère.

Mon père était officier[a] dans les armées du roi. C'était un homme grand, maigre, chevelure noire, barbe, yeux, peau de même couleur. Quoiqu'il n'eût guère, quand j'étais né, que 48 ou 50 ans, on lui en aurait certainement bien donné 60 ou 58. Il était d'un caractère vif, bouillant, souvent en colère et ne voulant rien souffrir qui lui déplût.

Ma mère était bien différente : femme douce, calme, s'effrayant de peu de chose, et cependant tenant la maison dans un ordre parfait. Elle était si calme que mon père l'amusait comme une jeune demoiselle. J'étais le plus aimé. Mes frères étaient moins vaillants que moi et cependant plus grands. J'aimais peu l'étude, c'est-à-dire d'apprendre à lire, écrire et compter; mais si c'était pour arranger une maison, cultiver un jardin, faire des commissions, à la bonne heure! — je me plaisais à cela.

Je me rappelle qu'un jour mon père m'avait promis vingt sous, si je lui faisais bien une division; je commençai, mais je ne pus finir. Ah! combien de fois ne m'a-t-il pas promis des sous, des jouets, des friandises, même une fois cinq francs, si je pouvais lui lire quelque chose!

Malgré cela, mon père me mit en classe dès que j'eus dix ans.

« Pourquoi — me disais-je — apprendre du grec, du latin? Je ne le sais. Enfin, on n'a pas besoin de cela! Que m'importe à moi que je sois reçu? A quoi cela sert-il d'être reçu? A rien, n'est-ce pas? Si, pourtant; on dit qu'on n'a une place que lorsqu'on est reçu. Moi, je ne veux pas de place; je serai rentier[1]. Quand même on en voudrait une, pourquoi apprendre le latin? Personne ne parle cette langue. Quelquefois j'en vois, du latin, sur les journaux; mais, Dieu merci, je ne serai pas journaliste.

« Pourquoi apprendre et de l'histoire et de la géographie? On a, il est vrai, besoin de savoir que Paris est en France; mais on ne demande pas à quel degré de latitude. De l'histoire, apprendre la vie de Chinaldon, de Nabopolassar, de Darius, de Cyrus, et d'Alexandre et de leurs autres

---

*a)* Colonel des Cent-Gardes.

**1.** Voyez, p. 82, la lettre du 15 janvier 1885 : « Je voudrais avoir quelques milliers de francs de rentes et pouvoir passer l'année dans deux ou trois contrées différentes. » A travers l'adolescent, l'enfant et l'homme se rejoignent.

compères remarquables par leurs noms diaboliques, est un supplice. Que m'importe à moi qu'Alexandre ait été célèbre ? Que m'importe... Que sait-on si les Latins ont existé ? C'est peut-être, leur latin, quelque langue forgée; et quand même ils auraient existé, qu'ils me laissent rentier, et conservent leur langue pour eux! Quel mal leur ai-je fait pour qu'ils me flanquent au supplice ?

« Passons au grec. Cette sale langue n'est parlée par personne, personne au monde!... Ah! saperlipote de saperlipopette! sapristi! moi je serai rentier; il ne fait pas si bon de s'user les culottes sur les bancs, saperlipopettouille!

« Pour être décrotteur, gagner la place de décrotteur, il faut passer un examen; car les places qui vous sont accordées sont d'être ou décrotteur, ou porcher, ou bouvier. Dieu merci, je n'en veux pas, moi, saperlipouille! Avec ça, des soufflets vous sont accordés pour récompense; on vous appelle animal, ce qui n'est pas vrai, bout d'homme, etc.

« Ah! saperpouillotte!... »

*(La suite prochainement.)*

ARTHUR.

# CHARLES D'ORLÉANS À LOUIS XI

[Ce pastiche date de 1870; Rimbaud n'a pas encore seize ans.]

Sire, le temps a laissé son manteau de pluie; les fourriers d'été sont venus : donnons l'huys au visage à Mérencolie! Vivent les lays et ballades! moralités et joyeulsetés! Que les clercs de la Basoche nous montent les folles soties : allons ouyr la moralité du Bien-Advisé et du Mal-Advisé, et la conversion du clerc Théophilus, et come alèrent à Rome Saint Pière et Saint Pol, et comment furent martirez! Vivent les dames à rebrassés collets, portant atours et broderyes! N'est-ce pas, Sire, qu'il fait bon dire sous les arbres, quand les cieux sont vêtus de bleu, quand le soleil cler luit, les doux rondeaux, les ballades haut et cler chantées ? *J'ai ung arbre de la plante d'amours*, ou *Une fois me dites ouy, ma dame*, ou *Riche amoureux a toujours l'advantage*... Mais me voilà bien esbaudi, Sire, et vous allez l'être comme moi : Maistre François Villon, le bon folastre, le gentil raillart qui rima tout cela, engrillonné, nourri d'une miche et d'eau, pleure et se lamente maintenant au fond du Châtelet! Pendu serez! lui a-t-on dit devant notaire : et le pauvre folet tout transi a fait son épitaphe pour lui et ses compagnons : et les gratieux gallans dont vous aimez tant les rimes, s'attendent danser à Montfaulcon, plus becquetés d'oiseaux que dés à coudre, dans la bruine et le soleil!

Oh! Sire, ce n'est pas pour folle plaisance qu'est là Villon! Pauvres housseurs ont assez de peine! Clergeons attendant leur nomination de l'Université, musards, montreurs de synges, joueurs de rebec qui payent leur escot en chansons, chevaucheurs d'escuryes, sires de deux écus, reîtres cachant leur nez en pots d'étain mieux qu'en casques de guerre[1]; tous ces pauvres enfants secs et noirs comme escouvillons, qui ne voient de pain qu'aux fenêtres, que l'hiver emmitoufle d'onglée, ont choisi maistre François pour mère nourricière! Or nécessité fait gens méprendre, et faim saillir le loup du bois : peut-être l'Escollier, ung jour de famine, a-t-il pris des tripes au baquet des bouchers, pour les fricasser à l'Abreuvoir Popin ou à la taverne du Pestel? Peut-être a-t-il pipé une douzaine de pains au boulanger, ou changé à la Pomme de Pin un broc d'eau claire pour un broc de vin de Baigneux? Peut-être, un soir de grande galle au Plat-d'Étain, a-t-il rossé le guet à son arrivée; ou les a-t-on surpris, autour de Montfaulcon, dans un souper conquis par noise, avec une dixaine de ribaudes? Ce sont les méfaits de maistre François! Parce qu'il nous montre ung gras chanoine mignonnant avec sa dame en chambre bien nattée, parce qu'il dit que le chappelain n'a cure de confesser, sinon chambrières et dames, et qu'il conseille aux dévotes, par bonne mocque, parler contemplation sous les courtines, l'escollier fol, si bien riant, si bien chantant, gent comme esmerillon, tremble sous les griffes des grands juges, ces terribles oiseaux noirs que suivent corbeaux et pies! Lui et ses compagnons, pauvres piteux! accrocheront un nouveau chapelet de pendus aux bras de la forêt : le vent leur fera chaudeaux dans le doux feuillage sonore : et vous, Sire, et tous ceux qui aiment le poète ne pourront rire qu'en pleurs en lisant ses joyeuses ballades : ils songeront qu'ils

---

1. Citation d'Olivier Basselin, *Vaux-de-Vire*.

ont laissé mourir le gentil clerc qui chantait si follement, et ne pourront chasser Mérencolie!

Pipeur, larron, maistre François est pourtant le meilleur fils du monde : il rit des grasses souppes jacobines : mais il honore ce qu'a honoré l'église de Dieu, et madame la vierge, et la très sainte trinité! Il honore la Cour de Parlement, mère des bons, et sœur des benoitz anges; aux médisants du royaume de France, il veut presque autant de mal qu'aux taverniers qui brouillent le vin. Et dea! Il sait bien qu'il a trop gallé au temps de sa jeunesse folle! L'hiver, les soirs de famine, auprès de la fontaine Maubuay ou dans quelque piscine ruinée, assis à croppetons devant petit feu de chenevottes, qui flambe par instants pour rougir sa face maigre, il songe qu'il aurait maison et couche molle, s'il eût estudié!... Souvent, noir et flou comme chevaucheur d'escovettes, il regarde dans les logis par des mortaises : « — O, ces morceaulx savoureux et frians! ces tartes, ces flans, ces grasses gelines dorées! — Je suis plus affamé que Tantalus! — Du rost! du rost! — Oh! cela sent plus doux qu'ambre et civettes! — Du vin de Beaulne dans de grandes aiguières d'argent! — Haro! la gorge m'ard!... O, si j'eusse estudié!... — Et mes chausses qui tirent la langue, et ma hucque qui ouvre toutes ses fenêtres, et mon feautre en dents de scie! — Si je rencontrais un piteux Alexander, pour que je puisse, bien recueilli, bien débouté, chanter à mon aise comme Orpheus le doux ménétrier! Si je pouvais vivre en honneur une fois avant que de mourir!... » Mais, voilà : souper de rondeaux, d'effets de lune sur les vieux toits, d'effets de lanternes sur le sol, c'est très maigre, très maigre; puis passent, en justes cottes, les mignottes villotières qui font chosettes mignardes pour attirer les passants; puis le regret des tavernes flamboyantes, pleines du cri des buveurs heurtant les pots d'étain et souvent les flamberges, du ricanement des ribaudes, et du chant aspre des rebecs mendiants; le regret des vieilles ruelles noires où saillent follement, pour s'embrasser, des étages de maisons et des poutres énormes; où, dans la nuit épaisse, passent, avec des sons de rapières traînées, des rires et des braieries abominables... Et l'oiseau rentre au vieux nid : Tout aux tavernes et aux filles!...

Oh! Sire, ne pouvoir mettre plumail au vent par ce temps de joie! La corde est bien triste en mai, quand tout chante, quand tout rit, quand le soleil rayonne sur les murs les plus

lépreux! Pendus seront, pour une franche repeue! Villon
est aux mains de la Cour de Parlement : le corbel n'écoutera
pas le petit oiseau! Sire, ce serait vraiment méfait de pendre
ces gentils clercs : ces poètes-là, voyez-vous, ne sont pas
d'ici-bas : laissez-les vivre leur vie étrange; laissez-les avoir
froid et faim, laissez-les courir, aimer et chanter : ils sont
aussi riches que Jacques Cœur, tous ces fols enfants, car
ils ont des rimes plein l'âme, des rimes qui rient et qui
pleurent, qui nous font rire ou pleurer : Laissez-les vivre :
Dieu bénit tous les miséricords, et le monde bénit les poètes.

## PREMIERS POÈMES
### (1869-1871)

[Rimbaud, comme il est naturel, commence par le pastiche et
n'exprime point ses véritables sentiments : *Sensation, Tête de
Faune* correspondent ici à cette période incertaine. Mais le voici
bientôt qui chante son dégoût de toutes les valeurs admises : l'éternel féminin, le christianisme, l'ordre bourgeois; on lira donc *les
Sœurs de charité, les Pauvres à l'église, les Mains de Jeanne-Marie*
et *l'Orgie parisienne* (il est, aux *Œuvres complètes*, des textes plus
virulents).

Rimbaud modifie alors sa poétique (mai 1871) et forme sa théorie
du « voyant » : *Voyelles, Quatrain, les Chercheuses de poux*, semblent
illustrer une première forme de « voyance »; le ton se fait plus
serein; l'éloquence un instant le cède à l'expression poétique, les
idées aux images. *Le Bateau ivre* est de ce temps-là, qui précède
immédiatement le départ vers Paul Verlaine.]

### SENSATION

Par les soirs bleus d'été, j'irai dans les sentiers,
Picoté par les blés, fouler l'herbe menue :
Rêveur, j'en sentirai la fraîcheur à mes pieds.
Je laisserai le vent baigner ma tête nue.

5 Je ne parlerai pas, je ne penserai rien :
Mais l'amour infini me montera dans l'âme,
Et j'irai loin, bien loin, comme un bohémien,
Par la Nature, — heureux comme avec une femme.

20 avril 1870.

## TÊTE DE FAUNE

Dans la feuillée, écrin vert taché d'or,
Dans la feuillée incertaine et fleurie
De fleurs splendides où le baiser dort,
Vif et crevant l'exquise broderie,

5 Un faune effaré montre ses deux yeux
Et mord les fleurs rouges de ses dents blanches.
Brunie et sanglante ainsi qu'un vin vieux,
Sa lèvre éclate en rires sous les branches.

Et quand il a fui — tel qu'un écureuil —
10 Son rire tremble encore à chaque feuille,
Et l'on voit épeuré par un bouvreuil
Le Baiser d'or du Bois, qui se recueille.

## LES SŒURS DE CHARITÉ

Le jeune homme dont l'œil est brillant, la peau brune,
Le beau corps de vingt ans qui devrait aller nu,
Et qu'eût, le front cerclé de cuivre, sous la lune
Adoré, dans la Perse, un Génie inconnu,

5 Impétueux avec des douceurs virginales
Et noires, fier de ses premiers entêtements,
Pareil aux jeunes mers, pleurs de nuits estivales,
Qui se retournent sur des lits de diamants[1];

Le jeune homme, devant les laideurs de ce monde
10 Tressaille dans son cœur largement irrité,
Et plein de la blessure éternelle et profonde,
Se prend à désirer sa sœur de charité.

Mais, ô Femme, monceau d'entrailles, pitié douce,
Tu n'es jamais la Sœur de charité, jamais,
15 Ni regard noir, ni ventre où dort une ombre rousse,
Ni doigts légers, ni seins splendidement formés.

---

**1.** Voilà deux vers où l'image n'est plus apprise, comme dans les poèmes précédents, mais inventée, semble-t-il.

Aveugle irréveillée aux immenses prunelles,
Tout notre embrassement n'est qu'une question :
C'est toi qui pends à nous, porteuse de mamelles,
20 Nous te berçons, charmante et grave Passion.

Tes haines, tes torpeurs fixes, tes défaillances,
Et les brutalités souffertes autrefois,
Tu nous rends tout, ô Nuit pourtant sans malveillances,
Comme un excès de sang épanché tous les mois.

25 — Quand la femme, portée un instant, l'épouvante,
Amour, appel de vie et chanson d'action,
Viennent la Muse verte et la Justice ardente
Le déchirer de leur auguste obsession.

Ah! sans cesse altéré des splendeurs et des calmes,
30 Délaissé des deux Sœurs implacables, geignant
Avec tendresse après la science aux bras almes[1],
Il porte à la nature en fleur son front saignant.

Mais la noire alchimie et les saintes études[2]
Répugnent au blessé, sombre savant d'orgueil;
35 Il sent marcher sur lui d'atroces solitudes.
Alors, et toujours beau, sans dégoût du cercueil,

Qu'il croie aux vastes fins, Rêves ou Promenades
Immenses, à travers les nuits de Vérité,
Et t'appelle en son âme et ses membres malades,
40 O Mort mystérieuse, ô sœur de charité.

Juin 1871.

## LES PAUVRES À L'ÉGLISE

Parqués entre des bancs de chêne, aux coins d'église
Qu'attiédit puamment leur souffle, tous leurs yeux
Vers le chœur ruisselant d'orrie[3] et la maîtrise[4]
Aux vingt gueules gueulant les cantiques pieux;

---

**1.** Ce mot, calqué sur *alma (alma mater)*, est un peu ridicule, ici, et maladroit. Il fera fortune au temps du symbolisme; **2.** Type du vers trop facile : deux substantifs, deux adjectifs; **3.** On a d'abord écrit *orie* (Dictionnaire de Godefroy) : tout ce qui est *d'or*, ou *doré;* faut-il attribuer à la « gémination expressive » des linguistes le redoublement de l'*r* ? **4.** La chorale des enfants de chœur.

5 Comme un parfum de pain humant l'odeur de cire,
Heureux, humiliés[1] comme des chiens battus,
Les Pauvres au bon Dieu, le patron et le sire,
Tendent leurs oremus[2] risibles et têtus.

Aux femmes, c'est bien bon de faire des bancs lisses,
10 Après les six jours noirs où Dieu les fait souffrir !
Elles bercent, tordus dans d'étranges pelisses,
Des espèces d'enfants qui pleurent à mourir.

Leurs seins crasseux dehors, ces mangeuses de soupe,
Une prière aux yeux et ne priant jamais,
15 Regardent parader mauvaisement un groupe
De gamines avec leurs chapeaux déformés.

Dehors [la nuit], le froid, la faim, l'homme en ribote[3] :
C'est bon. Encore une heure ; après, les maux sans noms !
— Cependant, alentour, geint, nasille, chuchote
20 Une collection[4] de vieilles à fanons :

Ces effarés y sont et ces épileptiques
Dont on se détournait hier aux carrefours ;
Et, fringalant[5] du nez dans des missels antiques,
Ces aveugles qu'un chien[6] introduit dans les cours.

25 Et tous, bavant la foi mendiante et stupide,
Récitent la complainte infinie à Jésus
Qui rêve en haut, jauni par le vitrail livide,
Loin des maigres mauvais et des méchants pansus,

Loin des senteurs de viande et d'étoffes moisies,
30 Farce prostrée[7] et sombre aux gestes repoussants ;
— Et l'oraison fleurit d'expressions choisies,
Et les mysticités prennent des tons pressants,

Quand, des nefs où périt le soleil, plis de soie
Banals, sourires verts, les Dames des quartiers
35 Distingués, — ô Jésus ! — les malades du foie
Font baiser leurs longs doigts jaunes aux bénitiers.

1871.

1. Notez la valeur des *h* dans ces deux vers ; 2. Mot destiné à ridiculiser les prières ; 3. Jules Mouquet restitue autrement ce vers : « Dehors le froid, la faim, [et puis] l'homme en ribote » ; 4. La diérèse *collecti-on* est-elle expressive ou académique ? 5. Par analogie plaisante avec l'avidité de celui qui, ayant la fringale, plonge pour ainsi dire son nez dans son assiette ; 6. *Chien* est en hiatus réel, sinon orthographique, avec *introduit* ; 7. Autre hiatus réel.

## LES MAINS DE JEANNE - MARIE

Jeanne-Marie a des mains fortes,
Mains sombres que l'été tanna,
Mains pâles comme des mains mortes.
— Sont-ce des mains de Juana[1] ?

5   Ont-elles pris les crèmes brunes
Sur les mares des voluptés ?
Ont-elles trempé dans des lunes
Aux étangs de sérénités ?

Ont-elles bu des cieux barbares,
10   Calmes sur les genoux charmants ?
Ont-elles roulé des cigares
Ou trafiqué des diamants ?

Sur les pieds ardents des Madones
Ont-elles fané des fleurs d'or ?
15   C'est le sang noir des belladones[2]
Qui dans leur paume éclate et dort[3].

Mains chasseresses des diptères
Dont bombinent[4] les bleuisons[5]
Aurorales, vers les nectaires ?
20   Mains décanteuses de poisons ?

Oh ! quel Rêve les a saisies
Dans les pandiculations[6] ?
Un rêve inouï des Asies,
Des Khenghavars ou des Sions ?

25   — Ces mains n'ont pas vendu d'oranges,
Ni bruni sur les pieds des dieux :
Ces mains n'ont pas lavé les langes
Des lourds petits enfants sans yeux.

**1.** Par allusion à don Juan, ainsi que le prouve la strophe qui suit ; **2.** *Bella-done* (de l'italien *bella*, belle, et *donna*, femme) : plante vénéneuse de la famille des solanacées, et qu'les Italiens employaient pour faire leurs fards ; l'image, dès lors, s'éclaire ; **3.** Cf. *Tête de Faune*, p. 21 ; **4.** Cf. *Voyelles*, p. 29 ; Rimbaud alors aime ce verbe rare, un peu pédant ; **5.** *Bleuisons :* mot précieux ; Rimbaud a forgé aussi un *bleuités*, dans *le Bateau ivre* ; **6.** *Pandiculation :* « terme de médecine. Mouvement automatique des bras en haut, avec renversement de la tête et du tronc en arrière, et extension des membres abdominaux » (Littré).

Ce ne sont pas mains de cousine
30 Ni d'ouvrières aux gros fronts
Que brûle, aux bois puant l'usine,
Un soleil ivre de goudrons.

Ce sont des ployeuses d'échines,
Des mains qui ne font jamais mal,
35 Plus fatales que des machines,
Plus fortes que tout un cheval!

Remuant comme des fournaises,
Et secouant[1] tous ses frissons,
Leur chair chante des Marseillaises
40 Et jamais les Eleisons!

Ça serrerait vos cous, ô femmes
Mauvaises, ça broierait vos mains,
Femmes nobles, vos mains infâmes
Pleines de blancs et de carmins.

45 L'éclat de ces mains amoureuses
Tourne le crâne des brebis!
Dans leurs phalanges savoureuses
Le grand soleil met un rubis!

Une tache de populace
50 Les brunit comme un sein d'hier[2];
Le dos de ces Mains est la place
Qu'en baisa tout Révolté fier!

Elles ont pâli, merveilleuses,
Au grand soleil d'amour chargé[3],
55 Sur le bronze des mitrailleuses
A travers Paris insurgé!

Ah! quelquefois, ô Mains sacrées,
A vos poings, Mains où tremblent nos[4]
Lèvres jamais désenivrées,
60 Crie une chaîne aux clairs anneaux!

---

**1.** Notez les diérèses académiques : *remu-ant, secou-ant;* **2.** *D'hier* n'offre pas un sens très satisfaisant; n'est-ce pas un peu une rime cheville ? **3.** L'inversion, si conformiste, rend ce vers déplaisant; **4.** *Nos,* étant proclitique, ne rime pas avec « an*neaux* »; voilà bien l' « audace vaine ». Cf. *Michel et Christine,* p. 43, v. 14.

Et c'est un soubresaut étrange
Dans nos êtres, quand, quelquefois,
On veut vous déhâler, Mains d'ange,
En vous faisant saigner les doigts!

# L'ORGIE PARISIENNE

## OU

## PARIS SE REPEUPLE

[Poème où Rimbaud dit son dégoût de la victoire versaillaise, après la « semaine sanglante »; on y voit, confirmée, sa sympathie pour la Commune.]

O lâches, la voilà! Dégorgez dans les gares!
Le soleil essuya de ses poumons ardents
Les boulevards qu'un soir comblèrent les Barbares.
Voilà la Cité sainte, assise à l'occident!

5 Allez! on préviendra les reflux d'incendie,
Voilà les quais, voilà les boulevards, voilà
Les maisons sur l'azur léger qui s'irradie
Et qu'un soir la rougeur des bombes étoila!

Cachez les palais morts dans des niches de planches!
10 L'ancien jour effaré rafraîchit vos regards.
Voici le troupeau roux des tordeuses de hanches :
Soyez fous, vous serez drôles, étant hagards!

Tas de chiennes en rut mangeant des cataplasmes,
Le cri des maisons d'or vous réclame. Volez!
15 Mangez! Voici la nuit de joie aux profonds spasmes
Qui descend dans la rue. O buveurs désolés,

Buvez! Quand la lumière arrive intense et folle,
Fouillant à vos côtés les luxes ruisselants,
Vous n'allez pas baver, sans geste, sans parole,
20 Dans vos verres, les yeux perdus aux lointains blancs?

Avalez, pour la Reine aux fesses cascadantes !
Écoutez l'action des stupides hoquets
Déchirants ! Écoutez sauter aux nuits ardentes
Les idiots râleux, vieillards, pantins, laquais !

25 O cœurs de saleté, bouches épouvantables,
Fonctionnez plus fort, bouches de puanteurs !
Un vin pour ces torpeurs ignobles, sur ces tables...
Vos ventres sont fondus de hontes, ô Vainqueurs !

Ouvrez votre narine aux superbes nausées !
30 Trempez de poisons forts les cordes de vos cous !
Sur vos nuques d'enfants baissant ses mains croisées
Le Poëte vous dit : « O lâches, soyez fous !

Parce que vous fouillez le ventre de la Femme,
Vous craignez d'elle encore une convulsion
35 Qui crie, asphyxiant votre nichée infâme
Sur sa poitrine, en une horrible pression.

Syphilitiques, fous, rois, pantins, ventriloques,
Qu'est-ce que ça peut faire à la putain Paris,
Vos âmes et vos corps, vos poisons et vos loques ?
40 Elle se secouera[1] de vous, hargneux pourris !

Et quand vous serez bas, geignant sur vos entrailles,
Les flancs morts, réclamant votre argent, éperdus,
La rouge courtisane aux seins gros de batailles
Loin de votre stupeur tordra ses poings ardus ! »

45 Quand tes pieds ont dansé si fort dans les colères,
Paris ! quand tu reçus tant de coups de couteau,
Quand tu gis, retenant dans tes prunelles claires
Un peu de la bonté du fauve renouveau,

O cité douloureuse, ô cité quasi morte,
50 La tête et les deux seins jetés vers l'Avenir
Ouvrant sur ta pâleur ses milliards de portes,
Cité que le Passé sombre pourrait bénir :

---

1. « *Elle se secouera* » n'est pas heureux : trois *e* et un *se-se* l'un sur l'autre forment une mauvaise attaque dans ce vers.

Corps remagnétisé pour les énormes peines,
Tu rebois donc la vie effroyable! tu sens
55 Sourdre le flux des vers livides en tes veines,
Et sur ton clair amour rôder les doigts glaçants!

Et ce n'est pas mauvais. Les vers, les vers livides
Ne gêneront pas plus ton souffle de Progrès
Que les Stryx[1] n'éteignaient l'œil des Cariatides
60 Où des pleurs d'or astral tombaient des bleus degrés. »

Quoique ce soit affreux de te revoir couverte
Ainsi; quoiqu'on n'ait fait jamais d'une cité
Ulcère plus puant à la Nature verte,
Le Poète te dit : « Splendide est ta Beauté! »

65 L'orage te sacra suprême poésie;
L'immense remuement des forces te secourt;
Ton œuvre bout, la mort gronde, Cité choisie!
Amasse les strideurs au cœur du clairon lourd.

Le Poète prendra le sanglot des Infâmes,
70 La haine des Forçats, la clameur des Maudits;
Et ses rayons d'amour flagelleront les Femmes.
Ses strophes bondiront : Voilà! voilà! bandits!

— Société, tout est rétabli : — les orgies
Pleurent leur ancien râle aux anciens lupanars :
75 Et les gaz en délire, aux murailles rougies,
Flambent sinistrement vers les azurs blafards!

# VOYELLES

[C'est à qui proposera de *Voyelles* la glose la plus systématique;
tel y voit l'illustration poétique d'un abécédaire colorié; tel autre,
la description lyrique des lettres de l'alphabet; tel autre toutes les
idées de Swedenborg; celui-ci, toute la dialectique hégélienne; etc.
Depuis longtemps l'idée traînait partout : dès 1859, Georg
Brandes, l'essayiste danois, écrivait un poème intitulé *Vokalfarverne
(les Couleurs des voyelles)*. A ce sujet, voir E. Noulet, *le Premier
Visage de Rimbaud*, Bruxelles, 1953, pp. 107-187; Étiemble et

---

1. *Stryx.* Stryge ou Strige : monstre vampirique.

Yassu Gauclère, *Rimbaud*, 1950, pp. 116-121; Étiemble, *le Mythe de Rimbaud*, t. II, *Structure du Mythe*, pp. 80-95; et *le Sonnet des Voyelles*, dans *Revue de littérature comparée*, avril-juin 1939, pp. 235-261. Voir plus loin, également, pp. 67-68.]

A noir, E blanc, I rouge, U vert, O bleu : voyelles,
Je dirai quelque jour vos naissances latentes :
A, noir corset velu des mouches éclatantes
Qui bombinent autour des puanteurs cruelles,

5 Golfes d'ombre; E, candeurs des vapeurs et des tentes,
Lances des glaciers fiers, rois blancs, frissons d'ombelles;
I, pourpres, sang craché, rire des lèvres belles
Dans la colère ou les ivresses pénitentes;

U, cycles, vibrements divins des mers virides,
10 Paix des pâtis semés d'animaux, paix des rides
Que l'alchimie imprime aux grands fronts studieux;

O, suprême Clairon plein des strideurs étranges,
Silences traversés des Mondes et des Anges :
— O l'Oméga, rayon violet de Ses Yeux!

# [QUATRAIN]

[On a cru longtemps qu'il s'agissait là du seul quatrain de Rimbaud. L'édition de la Pléiade en signale un autre.

C'est l'un de ses plus beaux poèmes, et l'un des rares qui soient apaisés. La femme, ici, n'est pas ignoble, ainsi qu'en la *Vénus Anadyomène*. Rimbaud s'y dégage des règles puériles et fait rimer *reins* avec *souverain*, un pluriel avec un singulier. Voyez E. Noulet, *le Premier Visage de Rimbaud*, pp. 99-105, ceci surtout : « Ce qui est propre au quatrain, c'est sa composition en carré; c'est son éblouissante énumération de quatre fois quatre mots qui se lisent aussi bien verticalement que par vers, et dont chaque quart représente à la fois un monde et une catégorie du discours, dans une suite doublement parallèle : substance — action — couleurs — lieux sensibles de l'amour. »]

L'étoile a pleuré rose au cœur de tes oreilles,
L'infini roulé blanc de ta nuque à tes reins;
La mer a perlé rousse à tes mammes vermeilles,
Et l'Homme saigné noir à ton flanc souverain.

## LES CHERCHEUSES DE POUX

[Ce poème fut composé sans doute au souvenir des demoiselles Gindre, parentes d'Izambard, qui accueillirent le jeune Rimbaud après sa fugue vers Paris ; il semble avoir vécu heureux chez elles, à Douai.]

Quand le front de l'enfant, plein de rouges tourmentes,
Implore l'essaim blanc des rêves indistincts,
Il vient près de son lit deux grandes sœurs charmantes
Avec de frêles doigts aux ongles argentins.

5 Elles assoient l'enfant auprès d'une croisée
Grande ouverte où l'air bleu baigne un fouillis de fleurs,
Et dans ses lourds cheveux où tombe la rosée
Promènent leurs doigts fins, terribles et charmeurs.

Il écoute chanter leurs haleines craintives
10 Qui fleurent de longs miels végétaux et rosés,
Et qu'interrompt parfois un sifflement, salives
Reprises sur la lèvre ou désirs de baisers.

Il entend leurs cils noirs battant sous les silences
Parfumés ; et leurs doigts électriques et doux
15 Font crépiter parmi ses grises indolences
Sous leurs ongles royaux la mort des petits poux.

Voilà que monte en lui le vin de la Paresse,
Soupir d'harmonica qui pourrait délirer ;
L'enfant se sent, selon la lenteur des caresses[1],
20 Sourdre et mourir sans cesse un désir de pleurer.

## LE BATEAU IVRE

[Pour la plupart des gens, Rimbaud c'est *le Bateau ivre* ; on admire qu'il ait composé ce poème sans jamais avoir vu la mer ; et l'on crie au miracle, au prophétisme. Rimbaud dirait ici, prémoni-

---

**1.** Comme dans le *Quatrain*, où *reins* déjà rime avec *souverain*, Rimbaud prend l'heureuse liberté de faire rimer *paresse* (au sing.) et *caresses* (au plur.) : la rime ne doit exister que pour l'oreille.

toirement, toute sa vie d'errant. Cependant on cherche éperdument des « sources »; on les trouve partout, chez Jules Verne et chez Théophile Gautier; chez Leconte de Lisle et dans *le Magasin pittoresque;* chez Chateaubriand et chez Victor Hugo. Alors qu'il est si simple d'ouvrir le premier *Parnasse contemporain,* celui de 1866; ce ne sont que bateaux ivres; voyez surtout celui de Léon Dierx. A ce propos, consulter E. Noulet, *le Premier Visage de Rimbaud,* pp. 189-280; Étiemble, *les Sources littéraires du « Bateau ivre »,* dans *Revue d'histoire littéraire de la France,* juillet-septembre 1947, pp. 245-256, et *le Mythe de Rimbaud,* t. II, *Structure du Mythe,* pp. 72-80.]

Comme je descendais des Fleuves impassibles,
Je ne me sentis plus guidé par les haleurs :
Des Peaux-Rouges criards les avaient pris pour cibles,
Les ayant cloués nus aux poteaux de couleurs.

5 J'étais insoucieux de tous les équipages,
Porteur de blés flamands ou de cotons anglais.
Quand avec mes haleurs ont fini ces tapages,
Les Fleuves m'ont laissé descendre où je voulais.

Dans les clapotements furieux des marées,
10 Moi, l'autre hiver, plus sourd que les cerveaux d'enfants,
Je courus ! Et les Péninsules démarrées
N'ont pas subi tohu-bohus plus triomphants.

La tempête a béni mes éveils maritimes.
Plus léger qu'un bouchon j'ai dansé sur les flots
15 Qu'on appelle rouleurs éternels de victimes,
Dix nuits, sans regretter l'œil niais des falots !

Plus douce qu'aux enfants la chair des pommes sures,
L'eau verte pénétra ma coque de sapin[1]
Et des taches de vins bleus et des vomissures
20 Me lava, dispersant gouvernail et grappin.

Et dès lors, je me suis baigné dans le Poème
De la Mer, infusé d'astres, et lactescent[2],
Dévorant les azurs verts; où, flottaison blême
Et ravie, un noyé pensif parfois descend;

**1.** Voilà bien la rime chevillée : le *sapin* est un bois qui pourrit à l'eau;
**2.** *Lactescent.* Pour Littré, terme didactique : « qui contient du suc laiteux »; pour Plowert, dans son *Petit Glossaire* de 1888, ce mot est caractéristique du jargon décadent : « qui commence à devenir laiteux ».

25 Où, teignant tout à coup les bleuités, délires
Et rythmes lents sous les rutilements du jour,
Plus fortes que l'alcool, plus vastes que nos lyres,
Fermentent les rousseurs amères de l'amour !

Je sais les cieux crevant en éclairs, et les trombes
30 Et les ressacs et les courants : je sais le soir,
L'Aube exaltée ainsi qu'un peuple de colombes[1],
Et j'ai vu quelquefois ce que l'homme a cru voir !

J'ai vu le soleil bas, taché d'horreurs mystiques,
Illuminant de longs figements violets[2],
35 Pareils à des acteurs de drames très antiques
Les flots roulant au loin leurs frissons de volets !

J'ai rêvé la nuit verte aux neiges éblouies,
Baiser montant aux yeux des mers avec lenteurs,
La circulation des sèves inouïes[3],
40 Et l'éveil jaune et bleu des phosphores chanteurs !

J'ai suivi, des mois pleins, pareille aux vacheries
Hystériques, la houle à l'assaut des récifs,
Sans songer que les pieds lumineux des Maries[4]
Pussent forcer le mufle aux Océans poussifs !

45 J'ai heurté, savez-vous[5], d'incroyables Florides
Mêlant aux fleurs des yeux de panthères à peaux
D'hommes ! Des arcs-en-ciel tendus comme des brides
Sous l'horizon des mers, à de glauques troupeaux !

J'ai vu fermenter les marais énormes, nasses
50 Où pourrit dans les joncs tout un Léviathan[6] !
Des écroulements d'eaux au milieu des bonaces,
Et les lointains vers les gouffres cataractant[7] !

---

**1.** On peut se demander si la théorie du « voyant » s'exprime déjà ici ; **2.** Ces deux vers sont peut-être nourris de souvenirs baudelairiens (cf. « Harmonie du soir » dans *les Fleurs du mal*) ; **3.** Noter la valeur expressive de la diérèse *circulati-on*, comptée qu'elle est avec le mot *inou-ïes* ; **4.** Allusion possible aux saintes Maries de la mer, qu'on fête le 25 mai ; mais aussi à Marie, la Vierge du christianisme : *Maris stella*, qu'invoquent souvent les marins ; **5.** *Savez-vous* : provincialisme employé ici avec une intensité lyrique évidente ; **6.** *Léviathan* : monstre biblique désignant soit le crocodile, soit la baleine, soit un dragon. **7.** Les occlusives et les *r* produisent un effet puissant d'harmonie imitative.

Glaciers, soleils d'argent, flots nacreux, cieux de braises !
Échouages hideux au fond des golfes bruns
55 Où les serpents géants dévorés des punaises
Choient, des arbres tordus, avec de noirs parfums !

J'aurais voulu montrer aux enfants ces dorades
Du flot bleu, ces poissons d'or, ces poissons chantants.
— Des écumes de fleurs ont bercé mes dérades[1]
60 Et d'ineffables vents m'ont ailé par instants.

Parfois, martyr lassé des pôles et des zones,
La mer dont le sanglot faisait mon roulis doux
Montait vers moi ses fleurs d'ombre aux ventouses jaunes
Et je restais, ainsi qu'une femme à genoux..

65 Presque île, ballottant sur mes bords les querelles
Et les fientes d'oiseaux clabaudeurs aux yeux blonds.
Et je voguais, lorsqu'à travers mes liens frêles
Des noyés descendaient dormir, à reculons !...

Or moi, bateau perdu sous les cheveux des anses,
70 Jeté par l'ouragan dans l'éther sans oiseau,
Moi dont les Monitors[2] et les voiliers des Hanses
N'auraient pas repêché la carcasse ivre d'eau ;

Libre, fumant, monté de brumes violettes,
Moi qui trouais le ciel rougeoyant comme un mur
75 Qui porte, confiture exquise aux bons poètes,
Des lichens de soleil et des morves d'azur ;

Qui courais, taché de lunules électriques,
Planche folle, escorté des hippocampes noirs,
Quand les juillets faisaient crouler à coups de triques
80 Les cieux ultramarins aux ardents entonnoirs ;

Moi qui tremblais, sentant geindre à cinquante lieues
Le rut des Béhémots[3] et les Maelstroms épais,

---

1. *Dérade* : néologisme ; mais *dérader* existe au sens d' « être poussé loin de la rade, vers le large, par un vent violent » ; 2. *Monitor* : au XIXe s., navire cuirassé très peu élevé sur l'eau ; 3. *Béhémot* : monstre biblique, désignant sans doute l'hippopotame ; mais il est clair que le mot n'est ici que pour sa véhémence, et sa sonorité étrange ; de même *Maelstroms*.

Fileur éternel des immobilités bleues,
Je regrette l'Europe aux anciens parapets!

85 J'ai vu des archipels sidéraux! et des îles
Dont les cieux délirants sont ouverts au vogueur :
— Est-ce en ces nuits sans fond que tu dors et t'exiles,
Million d'oiseaux d'or, ô future Vigueur? —

Mais, vrai, j'ai trop pleuré! Les Aubes sont navrantes
90 Toute lune est atroce et tout soleil amer :
L'âcre amour m'a gonflé de torpeurs enivrantes.
O que ma quille éclate! O que j'aille à la mer!

Si je désire une eau d'Europe, c'est la flache[1]
Noire et froide où vers le crépuscule embaumé
95 Un enfant accroupi plein de tristesses, lâche
Un bateau frêle comme un papillon de mai.

Je ne puis plus, baigné de vos langueurs, ô lames,
Enlever leur sillage aux porteurs de cotons,
Ni traverser l'orgueil des drapeaux et des flammes,
100 Ni nager sous les yeux horribles des pontons.

# LES DÉSERTS DE L'AMOUR

### FRAGMENTS

[Si l'on en croit Ernest Delahaye, ce texte daterait du printemps 1871 (il serait donc un peu postérieur au *Cœur sous une soutane*). On y trouve l'expression d'un romantisme assez naïf, et banal; mais, aussi, l'aveu d'une singularité : « N'ayant pas aimé de femmes, — quoique plein de sang! », sans laquelle en vain l'on voudra comprendre Rimbaud.]

### AVERTISSEMENT

Ces écritures-ci sont d'un jeune, tout jeune *homme*, dont la vie s'est développée n'importe où; sans mère, sans pays,

---

**1.** *Flache* : ce n'est pas un ardennisme au sens strict, comme on le dit trop souvent; cf. Littré : « mare d'eau dans un bois dont le sol est argileux »; c'est le sens normal du mot en Belgique et dans le nord de la France.

insoucieux de tout ce qu'on connaît, fuyant toute force morale, comme furent déjà plusieurs pitoyables jeunes hommes. Mais, lui, si ennuyé et si troublé, qu'il ne fit que s'amener à la mort comme à une pudeur terrible et fatale. N'ayant pas aimé de femmes, — quoique plein de sang! — il eut son âme et son cœur, toute sa force, élevés en des erreurs étranges et tristes. Des rêves suivants, — ses amours! — qui lui vinrent dans ses lits ou dans les rues, et de leur suite et de leur fin, de douces considérations religieuses se dégagent peut-être. Se rappellera-t-on le sommeil continu des Mahométans légendaires, — braves pourtant et circoncis! Mais, cette bizarre souffrance possédant une autorité inquiétante, il faut sincèrement désirer que cette Ame, égarée parmi nous tous, et qui veut la mort, ce semble, rencontre en cet instant-là des consolations sérieuses et soit digne!

# NOUVELLE POÉTIQUE
## *LA LETTRE DITE « DU VOYANT »*
### *(mai 1871)*

[Que de gloses et d'imprudentes hypothèses à propos de cette lettre baptisée « du voyant »? A titre de contrepoison, ces quelques lignes de M. Antoine Adam : « Si Rimbaud a voulu être le *Voyant*, c'est parce que depuis cinquante ans toute une tradition de pensée liait la cause du progrès social à celle d'une révolution métaphysique. Dans les années qui précèdent 1870, toute une littérature révolutionnaire annonçait pêle-mêle des bouleversements cosmiques, l'émancipation de la femme, la fin de toutes les servitudes, de celle même de l'homme en face des lois du monde matériel. Rimbaud s'est formé dans cette atmosphère d'illuminisme social. Son expérience avait une signification qui dépassait infiniment sa personne : le destin de la race humaine, la condition physique et métaphysique de l'homme s'y trouvaient engagés. » Il n'y a donc pas lieu de se pâmer devant des pensées *neuves* ! Des pensées, en fait, qui traînent un peu partout, au long du XIXe siècle. Quant au mot « voyant » lui-même, il est aussi banal du temps de Rimbaud qu'aujourd'hui *mystique* ou bien *absurde*.

Deux ans plus tard, dans *Une saison en enfer*, Rimbaud condamnera cette esthétique : « l'histoire d'une de (s)es folies ». Voyez plus loin, pp. 58-74.]

## LETTRE À PAUL DEMENY

*Charleville, 15 mai 1871.*

*J'ai résolu de vous donner une heure de littérature nouvelle. Je commence de suite[1] par un psaume d'actualité :*

## CHANT DE GUERRE PARISIEN

[. . . . . . . . . . . . . . . . . . . . . . . . . . . . .]

*— Voici de la prose sur l'avenir de la poésie —*

*Toute poésie antique aboutit à la poésie grecque, Vie harmonieuse. — De la Grèce au mouvement romantique, — moyen âge, — il y a des lettrés, des versificateurs. D'Ennius à Théroldus, de Théroldus à Casimir Delavigne, tout est prose rimée, un jeu, avachissement et gloire d'innombrables générations idiotes[2] : Racine est le pur, le fort, le grand. — On eût soufflé sur ses rimes, brouillé ses hémistiches, que le Divin Sot serait aujourd'hui aussi ignoré que le premier venu auteur d'Origines[3]. — Après Racine, le jeu moisit. Il a duré deux mille ans !*

*Ni plaisanterie, ni paradoxe. La raison m'inspire plus de certitudes sur le sujet que n'aurait jamais eu de colères un Jeune-France. Du reste, libre aux* nouveaux *d'exécrer les ancêtres : on est chez soi et l'on a le temps.*

*On n'a jamais bien jugé le romantisme ; qui l'aurait jugé ? Les critiques ! ! Les romantiques ? qui prouvent si bien que la chanson est si peu souvent l'œuvre, c'est-à-dire la pensée chantée et comprise du chanteur ?*

*Car JE est un autre. Si le cuivre s'éveille clairon, il n'y a rien de sa faute. Cela m'est évident : j'assiste à l'éclosion de ma pensée : je la regarde, je l'écoute : je lance un coup d'archet : la symphonie fait son remuement dans les profondeurs, ou vient d'un bond sur la scène[4].*

*Si les vieux imbéciles n'avaient pas trouvé du Moi que la*

1. Faute de langage; 2. Cela prouve surtout que Rimbaud ne connaissait rien à l'histoire de la poésie occidentale; 3. Les *Origines* sont à la mode. Taine, bientôt, va publier les siennes (*Origines de la France contemporaine*, 1875-1893); 4. Tout cet alinéa glose, et fort bien : « JE est un autre »; inutile, par conséquent, de chercher un autre sens.

*signification fausse, nous n'aurions pas à balayer ces mil-
lions de squelettes qui, depuis un temps infini, ont accumulé
les produits de leur intelligence borgnesse, en s'en clamant les
auteurs !*

En Grèce, ai-je dit, vers et lyres rythment l'Action. *Après,
musique et rimes sont jeux, délassements. L'étude de ce passé
charme les curieux : plusieurs s'éjouissent à renouveler ces
antiquités : — c'est pour eux. L'intelligence universelle a toujours jeté ses idées naturellement ; les hommes ramassaient
une partie de ces fruits du cerveau : on agissait par, on en
écrivait des livres : telle allait la marche, l'homme ne se
travaillant pas, n'étant pas encore éveillé, ou pas encore dans
la plénitude du grand songe. Des fonctionnaires, des écrivains :
auteur, créateur, poète, cet homme n'a jamais existé !*

*La première étude de l'homme qui veut être poète est sa
propre connaissance, entière ; il cherche son âme, il l'inspecte,
il la tente, l'apprend. Dès qu'il la sait, il doit la cultiver, cela
semble simple : en tout cerveau s'accomplit un développement
naturel ; tant d'égoïstes se proclament auteurs ; il en est bien
d'autres qui s'attribuent leur progrès intellectuel ! — Mais
il s'agit de faire l'âme monstrueuse : à l'instar des comprachicos[1], quoi ! Imaginez un homme s'implantant et se cultivant
des verrues sur le visage.*

*Je dis qu'il faut être* voyant, *se faire* voyant.

*Le Poète se fait* voyant *par un long, immense et raisonné
dérèglement de tous les sens. Toutes les formes d'amour, de
souffrance, de folie ; il cherche lui-même, il épuise en lui tous
les poisons, pour n'en garder que les quintessences. Ineffable
torture où il a besoin de toute la foi, de toute la force surhumaine, où il devient entre tous le grand malade, le grand
criminel, le grand maudit[2], — et le suprême Savant ! — Car
il arrive à l'inconnu ! Puisqu'il a cultivé son âme, déjà riche,
plus qu'aucun ! Il arrive à l'inconnu, et quand, affolé, il
finirait par perdre l'intelligence de ses visions, il les a vues !
Qu'il crève dans son bondissement par les choses inouïes et
innommables : viendront d'autres horribles travailleurs ; ils
commenceront par les horizons où l'autre s'est affaissé !*

*— La suite à six minutes —*

**1.** *Comprachicos* : ceux qui achètent des enfants, afin de les mutiler parfois
(voyez *l'Homme qui rit*, de V. Hugo, 1869), parfois pour les baptiser ; **2.** Faust,
Prométhée, le Juif errant sont à la mode au XIXe siècle.

*Ici j'intercale un second psaume, hors du texte : veuillez
tendre une oreille complaisante, — et tout le monde sera
charmé. — J'ai l'archet en main, je commence :*

## MES PETITES AMOUREUSES

[ . . . . . . . . . . . . . . . . . . . . . . . . . . . . ]

*Voilà. Et remarquez bien que, si je ne craignais de vous
faire débourser plus de 60 c. de port, — moi pauvre effaré qui,
depuis sept mois, n'ai pas tenu un seul rond de bronze ! —
je vous livrerais encore mes* Amants de Paris, *cent hexamètres,
Monsieur, et ma* Mort de Paris, *deux cents hexamètres*[1] !
*— Je reprends :*
*Donc le poète est vraiment voleur de feu.*

*Il est chargé de l'humanité, des* animaux *même ; il devra
faire sentir, palper, écouter ses inventions ; si ce qu'il rapporte
de là-bas a forme, il donne forme : si c'est informe, il donne
de l'informe. Trouver une langue ; — Du reste, toute parole
étant idée, le temps d'un langage universel viendra ! Il faut
être académicien, — plus mort qu'un fossile, — pour parfaire
un dictionnaire, de quelque langue que ce soit. Des faibles se
mettraient à penser sur la première lettre de l'alphabet, qui
pourraient vite ruer dans la folie !*

*Cette langue sera de l'âme pour l'âme, résumant tout,
parfums, sons, couleurs, de la pensée accrochant la pensée et
tirant*[2]. *Le poète définirait la quantité d'inconnu s'éveillant
en son temps dans l'âme universelle : il donnerait plus — que
la formule de sa pensée, que l'annotation de sa marche au
Progrès ! Énormité devenant norme, absorbée par tous, il
serait vraiment* un multiplicateur de progrès!

*Cet avenir sera matérialiste, vous le voyez ; — Toujours
pleins du* Nombre *et de l'*Harmonie, *ces poèmes seront faits
pour rester. — Au fond, ce serait encore un peu la Poésie grecque.*

*L'art éternel aurait ses fonctions, comme les poètes sont
citoyens.* La Poésie *ne rythmera plus l'action ; elle* sera en
avant.

*Ces poètes seront ! Quand sera brisé l'infini servage de la
femme*[3], *quand elle vivra pour elle et par elle, l'homme, —
jusqu'ici abominable, — lui ayant donné son renvoi, elle sera*

---

**1.** Autant que nous sachions, ces poèmes sont perdus ; **2.** Lieu commun, à
cette époque ; comme aussi les lignes suivantes sur le Progrès ; **3.** Autre lieu
commun du temps.

*poète, elle aussi ! La femme trouvera de l'inconnu ! Ses mondes d'idées différeront-ils des nôtres ? — Elle trouvera des choses étranges, insondables, repoussantes, délicieuses ; nous les prendrons, nous les comprendrons.*

*En attendant, demandons aux* poètes *du* nouveau, — *idées et formes. Tous les habiles croiraient bientôt avoir satisfait à cette demande. — Ce n'est pas cela !*

*Les premiers romantiques ont été voyants sans trop bien s'en rendre compte : la culture de leurs âmes s'est commencée aux accidents : locomotives abandonnées, mais brûlantes, que prennent quelque temps les rails. — Lamartine est quelquefois voyant, mais étranglé par la forme vieille. —* Hugo, *trop cabochard, a bien du VU dans les derniers volumes :* les Misérables *sont un vrai* poème. J'ai les Châtiments *sous main;* Stella *donne à peu près la mesure de la vue de Hugo. Trop de Belmontet*[1]*, et de Lamennais, de Jehovahs et de colonnes, vieilles énormités crevées.*

*Musset est quatorze fois exécrable pour nous, générations douloureuses et prises de visions, — que sa paresse d'ange a insultées ! O ! les contes et les proverbes fadasses ! ô les* Nuits ! *ô* Rolla, *ô* Namouna, *ô la* Coupe ! *Tout est français, c'est-à-dire haïssable au suprême degré; français, pas parisien ! Encore une œuvre de cet odieux génie qui a inspiré Rabelais, Voltaire, Jean La Fontaine ! commenté par M. Taine*[2] *! Printanier, l'esprit de Musset ! Charmant, son amour ! En voilà, de la peinture à l'émail, de la poésie solide ! On savourera longtemps la poésie* française, *mais en France. Tout garçon épicier est en mesure de débobiner une apostrophe Rollaque*[3]*, tout séminariste en porte les cinq cents rimes dans le secret d'un carnet. A quinze ans, ces élans de passion mettent les jeunes en rut; à seize ans, ils se contentent déjà de les réciter avec cœur; à dix-huit ans, à dix-sept même, tout collégien qui a le moyen, fait le Rolla, écrit un Rolla ! Quelques-uns en meurent peut-être encore. Musset n'a rien su faire : il y avait des visions derrière la gaze des rideaux : il a fermé les yeux. Français, panadis*[4]*, traîné de l'estaminet au pupitre de*

1. *Louis Belmontet* (1799-1879) : poète français qui, après avoir collaboré avec V. Hugo à *la Muse française,* vers 1825, se sépara des romantiques pour écrire ensuite des œuvres lyriques et dramatiques d'un classicisme académique; 2. La célèbre thèse de doctorat soutenue par Taine sur *La Fontaine et ses fables* date de 1853; 3. A la façon de Rolla, personnage d'un poème de Musset; 4. *Panadis* : mot forgé par Rimbaud, semble-t-il, sur un verbe assez rare, *se panader,* qui, familièrement, veut dire « se pavaner, poser avec orgueil ou vanité ». Mot amusant, du reste, à cause de *paradis,* et de *panade.*

*collège, le beau mort est mort, et, désormais, ne nous don-*
*nons même plus la peine de le réveiller par nos abominations !*

*Les seconds romantiques sont très* voyants : Th. Gautier,
*Leconte de Lisle, Th. de Banville. Mais inspecter l'invisible et*
*entendre l'inouï étant autre chose que reprendre l'esprit des*
*choses mortes, Baudelaire est le premier voyant, roi des poètes,*
*un vrai Dieu. Encore a-t-il vécu dans un milieu trop artiste ;*
*et la forme si vantée en lui est mesquine : les inventions d'in-*
*connu réclament des formes nouvelles.*

*Rompue aux formes vieilles — parmi les innocents, A. Renaud,*
*— a fait son Rolla ; — L. Grandet, — a fait son Rolla ; —*
*les gaulois et les Musset, G. Lafenestre, Coran, Cl. Popelin,*
*Soulary, L. Salles ; les écoliers, Marc, Aicard, Theuriet ; les*
*morts et les imbéciles, Autran, Barbier, L. Pichat, Lemoyne,*
*les Deschamps, les Des Essarts ; les journalistes, L. Cladel,*
*Robert Luzarches, X. de Ricard ; les fantaisistes, C. Mendès ;*
*les bohèmes ; les femmes ; les talents, Léon Dierx, Sully*
*Prudhomme, Coppée ; — la nouvelle école, dite parnassienne,*
*a deux voyants, Albert Mérat et Paul Verlaine*[1]*, un vrai*
*poète. — Voilà. — Ainsi je travaille à me rendre voyant. —*
*Et finissons par un chant pieux.*

ACCROUPISSEMENTS

[ . . . . . . . . . . . . . . . . . . . . . . . . . . . . . . . . . ]

*Vous seriez exécrable de ne pas répondre : vite, car dans*
*huit jours je serai à Paris, peut-être.*

*Au revoir,*

A. RIMBAUD

---

1. La postérité a confirmé ce jugement de Rimbaud : *L. Grandet* et *L. Salles*
sont complètement oubliés ainsi qu'*Armand Renaud* (1836-1895) et *Charles
Coran* (1814-1901) qui se réclamaient de l'école parnassienne ; *Georges Lafenestre* (1837-1919) et *Claudius Popelin* (1825-1892) restent connus par quelques
travaux sur l'histoire de l'art ; *Joséphin Soulary* (1815-1891), porté aux nues
de son vivant, à cause de ses *Sonnets humoristiques*, paraît bien désuet ; *Gabriel
Marc*, né en 1840, auteur des *Sonnets parisiens*, appartient à la génération suivante, mais n'a même plus la petite réputation que *Jean Aicard* (1848-1921)
et *André Theuriet* (1833-1907) ont acquise après 1871 ; *Joseph Autran* (1813-
1877), *Jules Barbier* (1825-1901), *Camille-André Lemoyne* (1822-1907), *Alfred
Langlois Des Essarts* (1811-1893) et son frère *Emmanuel* (1839-1909) étaient
à l'apogée de leur réputation vers 1870, tandis que les frères *Deschamps* (*Émile*
[1791-1871] et *Antony* [1800-1869]) appartenaient plutôt à la génération romantique. Parmi les « journalistes », *Xavier de Ricard* (1843-1911) fut un des
fondateurs du *Parnasse contemporain*, et *Léon Cladel* (1835-1892) ne survit
qu'en sa qualité de romancier du Quercy. Les derniers noms de la liste ont
leur place dans les manuels de littérature, à l'exception d'*Albert Mérat* (1840-
1909).

Rimbaud, dessin d'Ernest Delahaye.
Paris, Bibliothèque nationale.

**Rimbaud enfant.**
Document extrait de l'ouvrage de F. Ruchon.
Paris, Bibliothèque nationale.

## L'ALCHIMIE DU VERBE
### (à partir de 1872)

[Dans quelle mesure la poétique de Verlaine — mètres impairs, rimes entièrement masculines ou féminines, etc. — agira-t-elle sur Rimbaud ? Livré à lui-même, dans quelle mesure Rimbaud pouvait-il pousser jusqu'à *Michel et Christine*, jusqu'aux *Illuminations* en prose ? On en discute encore. Il semble pourtant que Rimbaud doive très peu au Verlaine de 1871-1873, celui des *Poèmes saturniens*, des *Fêtes galantes* et de *la Bonne Chanson*. Quelques procédés de versification se retrouvent, il est vrai, dans les *Romances sans paroles* (1874) et dans les vers qu'on va lire : mais rien que de superficiel. Rimbaud vise plus haut que Verlaine, beaucoup plus : *Larme*, *Michel et Christine* veulent noter l'inexprimable, ou fixer une image évidemment hallucinatoire. Aussi bien Verlaine s'en tiendra-t-il toujours aux formes poétiques : dans *Marine* et *Mouvement*, Rimbaud n'écrit déjà plus que des poèmes en prose — en prose découpée de telle sorte qu'on criera au vers libre. Raboutons ces morceaux de phrases, et nous avons, fort exactement, deux *Illuminations*. Jules Mouquet a donc raison de les classer parmi les *Illuminations*, dans l'édition de la Pléiade. Je les donne juste avant les poèmes en prose, et comme transition.

Dans le chapitre d'*Une saison en enfer* sur *l'Alchimie du Verbe*, on lira des chansons qu'il faut supposer écrites vers le même temps ; on aura profit à les expliquer après ces textes-ci, ou juste auparavant.]

### LARME

Loin des oiseaux, des troupeaux, des villageoises,
Je buvais, accroupi dans quelque bruyère
Entourée de tendres bois de noisetiers,
Par un brouillard d'après-midi tiède et vert.

5 Que pouvais-je boire dans cette jeune Oise[1],
Ormeaux sans voix, gazon sans fleurs, ciel couvert.
Que tirais-je à la gourde de colocase[2] ?
Quelque liqueur d'or, fade et qui fait suer.

1. Prononcé normalement, cet hendécasyllabe devient un véritable octosyllabe ; le dernier vers, un décasyllabe ; 2. *Colocase* : nom vulgaire et spécifique de l'*Arum colocasia* de Linné. Variété d'aroïdacées tropicale souvent confondue en effet avec les *arums*. De l'Océanie, elle s'est répandue jusque dans le Bassin méditerranéen (*alcocaz* des Arabes) ; sous le nom de *chou caraïbe*, ses feuilles servent de légume aux Antilles. Le rhizome de colocase est vénéneux, dangereusement ; toutefois, après dessiccation, les Océaniens en fabriquent une espèce de pain. Quant à la *gourde de colocase*, il faut la prendre pour ce qu'elle est : erreur, ou fumisterie. Erreur, plutôt : voir p. 68, note 1.

Tel, j'eusse été mauvaise enseigne d'auberge.
10 Puis l'orage changea le ciel, jusqu'au soir.
Ce furent des pays noirs, des lacs, des perches,
Des colonnades sous la nuit bleue, des gares.


L'eau des bois se perdait sur des sables vierges.
Le vent, du ciel, jetait des glaçons aux mares...
15 Or! tel qu'un pêcheur d'or ou de coquillages,
Dire que je n'ai pas eu souci de boire[1]!

Mai 1872.


## [QU'EST - CE POUR NOUS...]


Qu'est-ce pour nous, mon cœur, que les nappes de sang
Et de braise, et mille meurtres, et les long cris
De rage, sanglots de tout enfer renversant
Tout ordre; et l'Aquilon encor[2] sur les débris;


5 Et toute vengeance? Rien!... — Mais si, toute encor[2]
Nous la voulons! Industriels, princes, sénats :
Périssez! puissance, justice, histoire : à bas!
Ça nous est dû. Le sang! le sang! la flamme d'or!


Tout à la guerre, à la vengeance, à la terreur,
10 Mon esprit! Tournons dans la morsure : Ah! passez,
Républiques de ce monde! Des empereurs,
Des régiments, des colons, des peuples, assez!


Qui remuerait les tourbillons de feu furieux,
Que nous et ceux que nous nous imaginons frères?
15 A nous, romanesques amis : ça va nous plaire[3].
Jamais nous ne travaillerons, ô flots de feux!


---

1. A propos de *Larme*, Rimbaud écrit en 1873 : « Je notais l'inexprimable.
Je fixais des vertiges. » Il n'est pas étonnant que le poème offre des difficultés;
2. Rimbaud qui, dans *Quatrain*, fait rimer un pluriel avec un singulier, n'ose
pas écrire « *encore* » : curieux mélange d'audace et de timidité; car, dans la
strophe suivante, il accepte terre*ur* » au singulier rimant avec « empe*reurs* »;
3. Rimbaud renonce décidément à respecter la rime traditionnelle. La rime
n'a de sens, de valeur, que pour l'oreille.

Europe, Asie, Amérique, disparaissez.
Notre marche vengeresse a tout occupé,
Cités et campagnes ! — Nous serons écrasés !
20 Les volcans sauteront ! Et l'Océan frappé...

Oh ! mes amis ! — Mon cœur, c'est sûr, ils sont des frères :
Noirs inconnus, si nous allions ! Allons ! allons !
O malheur ! je me sens frémir, la vieille terre,
Sur moi de plus en plus à vous ! la terre fond.

       *Ce n'est rien : j'y suis ; j'y suis toujours.*

## MICHEL ET CHRISTINE

[Sur ce poème, lire Étiemble et Yassu Gauclère, *A propos de « Michel et Christine »* (*les Cahiers du Sud*, décembre 1936, pp. 927-931). « Un titre de vaudeville dressait des épouvantes devant moi », écrit Rimbaud ; il s'agit peut-être de *Michel et Christine*, vaudeville de Scribe. Huit ans plus tard, miss Enid Starkie aura la même idée (*Life and Letters*, mars 1944).]

Zut alors, si le soleil quitte ces bords !
Fuis, clair déluge ! Voici l'ombre des routes.
Dans les saules, dans la vieille cour d'honneur,
L'orage d'abord jette ses larges gouttes

5 O cent agneaux, de l'idylle soldats blonds,
Des aqueducs, des bruyères amaigries,
Fuyez ! plaine, déserts, prairie, horizons
Sont à la toilette rouge de l'orage !

Chien noir, brun pasteur dont le manteau s'engouffre,
10 Fuyez l'heure des éclairs supérieurs ;
Blond troupeau, quand voici nager ombre et soufre,
Tâchez de descendre à des retraits meilleurs.

Mais moi, Seigneur ! voici que mon esprit vole,
Après les cieux glacés de rouge, sous les
15 Nuages célestes qui courent et volent
Sur cent Solognes longues comme un railway.

Voilà mille loups, mille graines sauvages
Qu'emporte, non sans aimer les liserons,
Cette religieuse après-midi d'orage
20 Sur l'Europe ancienne où cent hordes iront!

Après, le clair de lune! partout la lande,
Rougis et leurs fronts aux cieux noirs, les guerriers
Chevauchent lentement leurs pâles coursiers!
Les cailloux sonnent sous cette fière bande!

25 — Et verrai-je le bois jaune et le val clair,
L'Épouse aux yeux bleus, l'homme au front rouge, ô
[Gaule,
Et le blanc Agneau Pascal, à leurs pieds chers,
— Michel et Christine, — et Christ! — fin de l'Idylle[1].


# MARINE

[*Marine* et *Mouvement* sont généralement considérés comme les premiers poèmes français en « vers libre », et Rimbaud, pour cette raison parmi plusieurs, comme l'ancêtre des symbolistes.]

Les chars d'argent et de cuivre —
Les proues d'acier et d'argent —
Battent l'écume, —
Soulèvent les souches des ronces.
5 Les courants de la lande,
Et les ornières immenses du reflux,
Filent circulairement vers l'est,
Vers les piliers de la forêt,
Vers les fûts de la jetée,
10 Dont l'angle est heurté par des tourbillons de lumière.

---

**1.** Il semble bien qu'on ait ici un des premiers poèmes conformes à *l'Alchimie du Verbe* : « Je m'habituai à l'hallucination simple. » Ce n'est pas une raison pour y voir n'importe quoi : une allégorie de la guerre franco-allemande, par exemple (ainsi que fait aujourd'hui le poète Pierre Jean Jouve).

---

## MOUVEMENT

Le mouvement de lacet sur la berge des chutes du fleuve,
Le gouffre à l'étambot[1],
La célérité de la rampe,
L'énorme passade du courant
5 Mènent par les lumières inouïes
Et la nouveauté chimique
Les voyageurs entourés des trombes du val
Et du strom[2].

Ce sont les conquérants du monde
10 Cherchant la fortune chimique personnelle ;
Le sport et le confort voyagent avec eux ;
Ils emmènent l'éducation
Des races, des classes et des bêtes, sur ce vaisseau
Repos et vertige
15 A la lumière diluvienne,
Aux terribles soirs d'étude.

Car de la causerie parmi les appareils, le sang, les fleurs,
le feu, les bijoux,
Des comptes agités à ce bord fuyard,
20 — On voit, roulant comme une digue au delà de la route
hydraulique motrice,
Monstrueux, s'éclairant sans fin, — leur stock d'études ;
Eux chassés dans l'extase harmonique,
Et l'héroïsme de la découverte.

25 Aux accidents atmosphériques les plus surprenants,
Un couple de jeunesse s'isole sur l'arche,
— Est-ce ancienne sauvagerie qu'on pardonne ? —
Et chante et se poste.

---

**1.** *Étambot* : pièce qui sert de support au gouvernail ; **2.** *Strom* : mot germanique signifiant « courant, torrent » ; évidemment choisi pour sa consonance avec *trombes* et l'harmonie imitative ainsi produite.

## L'ALCHIMIE DU VERBE (suite).

## ILLUMINATIONS

### (Painted Plates.)

[Selon la thèse de M. de Bouillane de Lacoste, les *Illuminations* auraient été composées après *Une saison en enfer*. Depuis lors, on est allé plus loin dans ce sens. M. Antoine Adam suppose, en effet (*Revue des sciences humaines*, octobre-décembre 1950), que les *Illuminations* comprennent « des poèmes anciens, écrits aux jours de la « voyance » et de ses espoirs infinis ; d'autres, inspirés par l'échec ; d'autres, écrits plus tard encore, au cours des grandes pérégrinations en Italie, à Java et dans le nord de l'Europe ». Du moins M. Adam accepte-t-il que certaines *Illuminations* soient antérieures à la *Saison* ; c'est l'évidence même, puisqu'*Une saison en enfer* contient des allusions précises à plusieurs *Illuminations* (« le salon au fond du lac », etc.).

Il semble toutefois que M. de Lacoste ait pu démontrer que Rimbaud *recopia* ces poèmes après 1873, et donc après avoir publié *Une saison en enfer*. Entre-temps, il s'était lié avec le poète Germain Nouveau, l'avait accompagné en Angleterre ; sous l'influence et sur le conseil de Nouveau, espéra-t-il des *Illuminations* un succès que lui refusait la *Saison*, enfouie dans le grenier de l'éditeur ?

Oui, sans doute, puisque Verlaine écrit à Delahaye, le 1er mai 1875 : « Si je tiens à avoir détails sur Nouveau, voilà pourquoi. Rimbaud m'ayant prié d'envoyer pour être imprimés des *poèmes en prose* siens (que j'avais) à ce même Nouveau, alors à Bruxelles (je parle d'il y a deux mois), j'ai envoyé — 2 francs 75 de port !!! — *illico*, etc.»

Lettre d'importance, qui prouve que Rimbaud ne rompit nullement d'un seul coup avec les lettres, en 1873. Mais s'il rêvait encore, en mars 1875, de voir imprimées ses *Illuminations*, le temps est proche où il écrira le *Rêve* et la lettre qui confirment son détachement de toute activité littéraire.

Ni la critique interne ni l'état du manuscrit ne nous autorisent à dater avec certitude telle ou telle « illumination ». Reste que Rimbaud y pousse aux dernières conséquences la théorie du « voyant ». Peu importe qu'elles soient de 1873, de 1874 ou même de 1872. L'intention est claire ; la réussite, assez souvent absolue.

Sur l'interprétation des textes, il est inutile de consulter le livre d'Ernest Delahaye sur *les Illuminations et Une saison en enfer* : les affirmations en sont plus que naïves. Jacques Rivière lui-même a reconnu qu'il s'était trompé, vers 1914, en donnant des *Illuminations* (dans *Rimbaud*, édit. Kra) une glose « mystique ». Bien hasardeux, mais parfois stimulant, l'essai de M. Antoine

Adam, *l'Énigme des « Illuminations »* (*Revue des sciences humaines*, octobre-décembre 1950, pp. 221-245). On peut voir aussi le *Rimbaud* d'Etiemble et Yassu Gauclère (pp. 125-210 de l'édition revue en 1950).]

# APRÈS LE DÉLUGE

[Pour M. Antoine Adam, « le *Déluge*, c'est la grande crise de la guerre et de la Commune, c'est la vie sociale suspendue, toutes ses formes bouleversées. Un jour, le calme est revenu. En quelques traits, Rimbaud décrit cet instant où les hommes se reprenaient à vivre ». Mais la bassesse, la laideur, les marchands se réinstallent. « Le monde s'enlise à nouveau. » Alors « l'enfant » (Rimbaud) s'en va, franchit les Alpes (*Madame \*\*\* établit un piano dans les Alpes*), puis émigre vers les pays scandinaves (*le Chaos de glace et de nuit du pôle*). « Ce poème n'est concevable ni en 1873, ni en 1875. Il n'a de sens qu'après le voyage dans le grand Nord. » Bref, c'est « une sorte d'introduction aux *Illuminations*, un résumé de leurs thèmes ».

Il semble qu'ici l'interprétation historiciste et le parti pris de rejeter les *Illuminations* vers 1875-1877 égarent un commentateur assez souvent perspicace d'Arthur Rimbaud; il s'agit plutôt d'une fable.]

Aussitôt que l'idée du Déluge se fut rassise,

Un lièvre s'arrêta dans les sainfoins et les clochettes mouvantes et dit sa prière à l'arc-en-ciel à travers la toile de l'araignée.

Oh! les pierres précieuses qui se cachaient, — les fleurs qui regardaient déjà.

Dans la grande rue sale les étals se dressèrent, et l'on tira les barques vers la mer étagée là-haut comme sur les gravures.

Le sang coula, chez Barbe-Bleue, — aux abattoirs, — dans les cirques, où le sceau de Dieu blêmit les fenêtres. Le sang et le lait coulèrent.

Les castors bâtirent. Les « mazagrans[1] » fumèrent dans les estaminets.

Dans la grande maison de vitres encore ruisselante les enfants en deuil regardèrent les merveilleuses images.

---

**1.** Ainsi nommé en souvenir de la bataille de Mazagran, durant la campagne d'Algérie, le *mazagran* désigne un café auquel on ajoute de l'eau, et qu'on sert dans un verre; assez souvent, du reste, le « mazagran » désigne un café *froid*.

Une porte claqua, — et sur la place du hameau, l'enfant tourna ses bras, compris des girouettes et des coqs des clochers de partout, sous l'éclatante giboulée.

Madame \*\*\* établit un piano dans les Alpes. La messe et les premières communions se célébrèrent aux cent mille autels de la cathédrale.

Les caravanes partirent. Et le Splendide Hôtel fut bâti dans le chaos de glaces et de nuit du pôle.

Depuis lors, la Lune entendit les chacals piaulant par les déserts de thym, — et les églogues en sabots grognant dans le verger. Puis, dans la futaie violette, bourgeonnante, Eucharis me dit que c'était le printemps.

Sourds, étang, — Écume, roule sur le pont et par-dessus les bois ; — draps noirs et orgues, — éclairs et tonnerre, — montez et roulez ; — Eaux et tristesses, montez et relevez les Déluges.

Car depuis qu'ils se sont dissipés, — oh les pierres précieuses s'enfouissant, et les fleurs ouvertes ! — c'est un ennui ! et la Reine, la Sorcière qui allume sa braise dans le pot de terre, ne voudra jamais nous raconter ce qu'elle sait, et que nous ignorons.

## MATINÉE D'IVRESSE

[Selon M. Antoine Adam, *Matinée d'ivresse* est inspiré « par une séance de hachiche » (étymologie connue : de *hachichin*, assassin). Il serait même « certain » que Rimbaud « s'inspire de sa première séance »; il serait enfin probable que Rimbaud « écrit ce poème peu après son expérience ». Dans le *Concours médical* du 24 septembre 1955, le professeur Marcel Sendrail interprète lui aussi ce poème comme un « protocole d'expérience toxicologique transposé poétiquement ». Le « temps des *Assassins* » est devenu une « tarte à la crème » des rimbaldisants et l'un des slogans les plus galvaudés dans la presse. Il s'agit en tout cas d'un texte où Rimbaud révèle une des expériences de cette ascèse poétique annoncée dans la lettre du « voyant », citée plus haut, pp. 35-40 : tout dès lors devient clair.]

O *mon* Bien ! O *mon* Beau ! Fanfare atroce où je ne trébuche point ! Chevalet féerique ! Hourra pour l'œuvre inouïe et pour le corps merveilleux, pour la première fois ! Cela commença sous les rires des enfants, cela finira par eux. Ce poison va rester dans toutes nos veines même quand, la fanfare tournant, nous serons rendus à l'ancienne inharmonie. O maintenant, nous si digne[1] de ces tortures! rassemblons fervemment cette promesse surhumaine faite à notre corps et à notre âme créés : cette promesse, cette démence! L'élégance, la science, la violence! On nous a promis d'enterrer dans l'ombre l'arbre du bien et du mal[2], de déporter les honnêtetés tyranniques, afin que nous amenions notre très pur amour. Cela commença par quelques dégoûts et cela finit, — ne pouvant nous saisir sur-le-champ de cette éternité, — cela finit par une débandade de parfums.

Rire des enfants, discrétion des esclaves, austérité des vierges, horreur des figures et des objets d'ici, sacrés soyez-vous par le souvenir de cette veille. Cela commençait par toute la rustrerie, voici que cela finit par des anges de flamme et de glace.

Petite veille d'ivresse, sainte! quand ce ne serait que pour le masque dont tu nous as gratifié. Nous t'affirmons, méthode! Nous n'oublions pas que tu as glorifié hier chacun de nos âges. Nous avons foi au poison. Nous savons donner notre vie tout entière tous les jours.

Voici le temps des *Assassins*.

# DÉMOCRATIE

[Delahaye mis à part, tout le monde, pour une fois, s'accorde sur le sens de ce texte. Il s'agit d'une satire politique, et « d'un corps de troupes coloniales », dit M. Antoine Adam, qui précise : « Aux centres… », c'est-à-dire dans « les villes qui servent de point de départ à l'occupation militaire »; « conscrits du bon vouloir », parce qu'il s'agit d' « engagés volontaires »; les « révoltes logiques » seraient celles des peuples coloniaux.

M. Adam rappelle alors qu'en 1876 Rimbaud s'embarqua sur le *Prins Van Oranje*, engagé volontaire en effet dans les troupes

---

**1.** Sur l'autographe, Rimbaud avait écrit *dignes*, puis barra le *s* final; **2.** Mais voyez *Une saison en enfer*, p. 73; Rimbaud y condamne sa prétention : « Moi! moi qui me suis dit mage ou ange, dispensé de toute morale, je suis rendu au sol, avec un devoir à chercher, et la réalité rugueuse à étreindre! Paysan! »

coloniales hollandaises. Les « pays poivrés et détrempés » seraient donc les basses terres de Java, pays des épices. L'ironie du titre blesserait surtout la Hollande, dont Rimbaud connaissait l'armée coloniale, et quelque peu — très peu — les colonies (après trois semaines, il déserta). Du coup, M. Adam croit pouvoir dater ce texte : 1876 au plus tôt. C'est oublier qu'en 1875 Rimbaud dit à la littérature, dans *Rêve*, un non cette fois définitif; et qu'il pouvait ailleurs qu'aux Indes néerlandaises et bien avant 1876, voir des exemples de politique coloniale.]

« Le drapeau va au paysage immonde, et notre patois étouffe le tambour.

« Aux centres nous alimenterons la plus cynique prostitution. Nous massacrerons les révoltes logiques.

« Aux pays poivrés et détrempés! — au service des plus monstrueuses exploitations industrielles ou militaires.

« Au revoir ici, n'importe où. Conscrits du bon vouloir, nous aurons la philosophie féroce; ignorants pour la science, roués pour le confort; la crevaison pour le monde qui va. C'est la vraie marche. En avant, route! »

# PARADE

[Dans un article publié au *Bateau ivre*, revue des amis de Rimbaud (septembre 1950, pp. 1-3), M. Antoine Adam soutient que *Parade* est une « furieuse diatribe » contre certaine cérémonie religieuse (catholique) observée en Italie (avril-mai 1875, Milan, au Duomo); Rimbaud s'adresserait à des Orientaux : « vos mondes », « vos fakirs », et leur offrirait, en somme, cette satire du catholicisme. Les « voix effrayantes » sont alors celles des castrats, les « malandrins », les deux larrons; et voici la crucifixion : « Les yeux flambent, le sang chante, les os s'élargissent, les larmes et des filets rouges ruissellent. » Les « drôles » seraient alors les « prélats, moines, prêtres, bien nourris ». La dernière phrase signifierait : 1º que Rimbaud est seul à comprendre le sens caché de ces pompes religieuses; 2º qu'il est seul à comprendre le sens de son poème. En vérité! car jusqu'à 1950, nul n'y avait lu ce genre de parodie : plutôt la parade d'un cirque ambulant.

En tout cas, il est difficile d'admettre la glose imaginée par M. de Lacoste · Rimbaud marquerait son agacement « devant quelque défilé de soldats ou d'étudiants allemands à Stuttgart ou ailleurs ». Non moins discutable, l'interprétation de M. Gengoux, pour qui l'on voit ici une réunion de hachaches, « dont chaque trait trouverait son équilibre dans *les Paradis artificiels* de Baudelaire ».

Ce qui ne fait aucun doute, assurément, c'est la volonté — réussie — d'hermétisme : « J'ai seul la clef... »]

Des drôles très solides. Plusieurs ont exploité vos mondes. Sans besoins, et peu pressés de mettre en œuvre leurs brillantes facultés et leur expérience de vos consciences. Quels hommes mûrs! Des yeux hébétés à la façon de la nuit d'été, rouges et noirs, tricolores, d'acier piqué d'étoiles d'or; des facies déformés, plombés, blêmis, incendiés; des enrouements folâtres! La démarche cruelle des oripeaux! — Il y a quelques jeunes, — comment regarderaient-ils Chérubin? — pourvus de voix effrayantes et de quelques ressources dangereuses. On les envoie prendre du dos en ville, affublés d'un *luxe* dégoûtant.

O le plus violent Paradis de la grimace enragée! Pas de comparaison avec vos Fakirs et les autres bouffonneries scéniques. Dans des costumes improvisés avec le goût du mauvais rêve ils jouent des complaintes, des tragédies de malandrins et de demi-dieux spirituels, comme l'histoire ou les religions ne l'ont jamais été. Chinois, Hottentots, bohémiens, niais, hyènes, Molochs, vieilles démences, démons sinistres, ils mêlent les tours populaires, maternels, avec les poses et les tendresses bestiales. Ils interpréteraient des pièces nouvelles et des chansons « bonnes filles ». Maîtres jongleurs, ils transforment le lieu et les personnes et usent de la comédie magnétique. Les yeux flambent, le sang chante, les os s'élargissent, les larmes et des filets rouges ruissellent. Leur raillerie ou leur terreur dure une minute, ou des mois entiers.

J'ai seul la clef de cette parade sauvage.

# ORNIÈRES

[Pour ceux qui ne comprennent point *Parade* comme M. Antoine Adam, ce texte-ci est à rapprocher de l'autre ci-dessus. Sur la route, un cirque passe; toute la féerie de l'enfance, mais dans une langue achevée.]

A droite l'aube d'été éveille les feuilles et les vapeurs et les bruits de ce coin du parc, et les talus de gauche tiennent dans leur ombre violette les mille rapides ornières de la route humide. Défilé de féeries. En effet : des chars chargés d'animaux de bois doré, de mâts et de toiles bario-lées, au grand galop de vingt chevaux de cirque tachetés, et les enfants et les hommes sur leurs bêtes les plus éton-nantes ; — vingt véhicules, bossés, pavoisés et fleuris comme des carrosses anciens ou de contes, pleins d'enfants attifés pour une pastorale suburbaine. — Même des cercueils sous leur dais de nuit dressant les panaches d'ébène, filant au trot des grandes juments bleues et noires.

## VILLE

[Dans *Ville* et dans *Villes*, on a vu, qui, les cités moyenâgeuses avec leurs guildes, leurs beffrois ; qui, l'évocation de nos cités industrielles, avec leurs crasseux faubourgs.

Ne vaudrait-il pas mieux relire Baudelaire, *Petits poèmes en prose*, Lettre à Arsène Houssaye : « Quel est celui de nous qui n'a pas, dans ses jours d'ambition, rêvé le miracle d'une prose poétique, musicale sans rythme et sans rime, assez souple et assez heurtée pour s'adapter aux mouvements lyriques de l'âme, aux ondulations de la rêverie, aux soubresauts de la conscience ?

« C'est surtout de la fréquentation des villes énormes, c'est du croisement de leurs innombrables rapports que naît cet idéal obsédant. »

Il est évident qu'il s'agit surtout d'une ville de rêve : « Ici vous ne signaleriez les traces d'aucun monument de superstition. »

Sur la série des *Villes*, dans *Illuminations*, voyez Étiemble et Yassu Gauclère, *Rimbaud* (éd. 1950, pp. 176-183).]

Je suis un éphémère et point trop mécontent citoyen d'une métropole crue moderne parce que tout goût connu a été éludé dans les ameublements et l'extérieur des maisons aussi bien que dans le plan de la ville. Ici vous ne signaleriez les traces d'aucun monument de superstition. La morale et la langue sont réduites à leur plus simple expression, enfin ! Ces millions de gens qui n'ont pas besoin de se connaître amènent si pareillement l'éducation, le métier et la vieillesse, que ce cours de vie doit être plusieurs fois moins long que ce qu'une statistique folle trouve pour les peuples du continent. Aussi comme, de ma fenêtre, je vois des spectres nouveaux roulant à travers l'épaisse et éternelle fumée de charbon, — notre ombre des bois, notre nuit d'été ! — des Érinnyes nouvelles, devant mon cottage qui est ma patrie et tout mon cœur puisque tout ici ressemble à ceci, — la Mort sans pleurs, notre active fille et servante, un Amour désespéré, et un joli Crime piaulant dans la boue de la rue.


# VILLES


L'acropole officielle outre les conceptions de la barbarie moderne les plus colossales. Impossible d'exprimer le jour mat produit par ce ciel immuablement gris, l'éclat impérial des bâtisses, et la neige éternelle du sol. On a reproduit dans un goût d'énormité singulier toutes les merveilles classiques de l'architecture. J'assiste à des expositions de peinture dans des locaux vingt fois plus vastes qu'Hampton-Court. Quelle peinture ! Un Nabuchodonosor norwégien a fait construire les escaliers des ministères ; les subalternes que j'ai pu voir sont déjà plus fiers que des \*\*\*[1], et j'ai tremblé à l'aspect des gardiens de colosses et officiers de constructions. Par le groupement des bâtiments en squares, cours et terrasses fermées, on a évincé les cochers. Les parcs représentent la nature primitive travaillée par un art superbe. Le haut quartier a des parties inexplicables : un bras de mer, sans bateaux, roule sa nappe de grésil bleu entre des quais chargés de candélabres géants. Un pont court conduit à une poterne immédiatement sous le dôme de la Sainte-Chapelle. Ce dôme est une armature d'acier artistique de quinze mille pieds de diamètre environ.

Sur quelques points des passerelles de cuivre, des plates-formes, des escaliers qui contournent les halles et les piliers, j'ai cru pouvoir juger la profondeur de la ville ! C'est le prodige dont je n'ai pu me rendre compte : quels sont les niveaux des autres quartiers sur ou sous l'acropole ? Pour

---

1. Le manuscrit est à peu près illisible ; on a proposé : *Brennus, Bravi, Brahmanes.*

l'étranger de notre temps la reconnaissance est impossible. Le quartier commerçant est un circus d'un seul style, avec galeries à arcades. On ne voit pas de boutiques, mais la neige de la chaussée est écrasée; quelques nababs aussi rares que les promeneurs d'un matin de dimanche à Londres, se dirigent vers une diligence de diamants. Quelques divans de velours rouge : on sert des boissons polaires dont le prix varie de huit cents à huit mille roupies. A l'idée de chercher des théâtres sur ce circus, je me réponds que les boutiques doivent contenir des drames assez sombres. Je pense qu'il y a une police. Mais la loi doit être tellement étrange, que je renonce à me faire une idée des aventuriers d'ici.

Le faubourg, aussi élégant qu'une belle rue de Paris, est favorisé d'un air de lumière. L'élément démocratique compte quelques cents âmes. Là encore les maisons ne se suivent pas; le faubourg se perd bizarrement dans la campagne, le « Comté » qui remplit l'occident éternel des forêts et des plantations prodigieuses où les gentilshommes sauvages chassent leurs chroniques sous la lumière qu'on a créée.

# ANTIQUE

[Sous la forme antique, on ne peut manquer de voir ici l'actuelle angoisse de Rimbaud, son obsession de « l'amour à réinventer »; pour cette fois, créons l'image de l'hermaphrodite.
M. Gengoux veut qu'il s'agisse de Verlaine! Comme si le « pitoyable frère », le « satanique docteur » se retrouvaient en cette belle image! ]

Gracieux fils de Pan! Autour de ton front couronné de fleurettes et de baies tes yeux, des boules précieuses, remuent. Tachées de lie brune, tes joues se creusent. Tes crocs luisent. Ta poitrine ressemble à une cithare, des tintements circulent dans tes bras blonds. Ton cœur bat dans ce ventre où dort le double sexe. Promène-toi, la nuit, en mouvant doucement cette cuisse, cette seconde cuisse et cette jambe de gauche.

# MYSTIQUE

[M. Johannes Tielrooy (*Rimbaud et les frères Van Eyck*, dans *Neophilologus*, tome XX, pp. 264-265) croit que Rimbaud s'inspire du fameux triptyque de Van Eyck, *l'Agneau mystique*.]

Sur la pente du talus les anges tournent leurs robes de laine dans les herbages d'acier et d'émeraude.

Des prés de flammes bondissent jusqu'au sommet du mamelon. A gauche le terreau de l'arête est piétiné par tous les homicides et toutes les batailles, et tous les bruits désastreux filent leur courbe. Derrière l'arête de droite la ligne des orients, des progrès.

Et tandis que la bande en haut du tableau est formée de la rumeur tournante et bondissante des conques des mers et des nuits humaines,

La douceur fleurie des étoiles et du ciel et du reste descend en face du talus, comme un panier, — contre notre face, et fait l'abîme fleurant et bleu là-dessous.

# FLEURS

[Pour miss Enid Starkie, le plus savant des commentateurs anglais, ce poème aurait un sens secret, alchimique. La fleur serait l'essence de la matière, etc. L'alchimie étant à la mode aujourd'hui, tout s'explique par sa vertu. Tout, sauf ce poème, en tout cas, qui évoque des *fleurs*, tout simplement, mais tout poétiquement.]

D'un gradin d'or, — parmi les cordons de soie, les gazes grises, les velours verts et les disques de cristal qui noircissent comme du bronze au soleil, — je vois la digitale s'ouvrir sur un tapis de filigranes d'argent, d'yeux et de chevelures.

Des pièces d'or jaune semées sur l'agate, des piliers d'acajou supportant un dôme d'émeraudes, des bouquets de satin blanc et de fines verges de rubis entourent la rose d'eau.

Tels qu'un dieu aux énormes yeux bleus et aux formes de neige, la mer et le ciel attirent aux terrasses de marbre la foule des jeunes et fortes roses.

# CONTE

[Sur ce *Conte*, voir l'interprétation de Yassu Gauclère dans *Rimbaud*, par Étiemble et Yassu Gauclère, pp. 215-216. Comme le Prince du *Conte*, Arthur Rimbaud a rêvé « l'Impossible ». Il se croyait tenu à l'impossible. Mais il n'a pas tenu le coup. Il ne s'est pas évadé. Il n'a su que rêver son aventure; le Génie sauveur n'a rien sauvé du tout, car il n'avait pas d'existence réelle.]

Un Prince était vexé de ne s'être employé jamais qu'à la perfection des générosités vulgaires. Il prévoyait d'étonnantes révolutions de l'amour, et soupçonnait ses femmes de pouvoir mieux que cette complaisance agrémentée de ciel et de luxe. Il voulait voir la vérité, l'heure du désir et de la satisfaction essentiels. Que ce fût ou non une aberration de piété, il voulut. Il possédait au moins un assez large pouvoir humain.

Toutes les femmes qui l'avaient connu furent assassinées. Quel saccage du jardin de la beauté! Sous le sabre, elles le bénirent. Il n'en commanda point de nouvelles. — Les femmes réapparurent.

Il tua tous ceux qui le suivaient, après la chasse ou les libations. — Tous le suivaient.

Il s'amusa à égorger les bêtes de luxe. Il fit flamber les palais. Il se ruait sur les gens et les taillait en pièces. — La foule, les toits d'or, les belles bêtes existaient encore.

Peut-on s'extasier dans la destruction, se rajeunir par la cruauté! Le peuple ne murmura pas. Personne n'offrit le concours de ses vues.

Un soir il galopait fièrement. Un Génie apparut, d'une beauté ineffable, inavouable même. De sa physionomie et de son maintien ressortait la promesse d'un amour multiple et complexe! d'un bonheur indicible, insupportable même! Le Prince et le Génie s'anéantirent probablement dans la santé essentielle. Comment n'auraient-ils pas pu en mourir? Ensemble donc ils moururent.

Mais ce Prince décéda, dans son palais, à un âge ordinaire. Le Prince était le Génie. Le Génie était le Prince.

La musique savante manque à notre désir.

# ÉBAUCHES

[Ceux qui veulent absolument que les *Illuminations* soient de beaucoup postérieures à *Une saison en enfer* voient en ces quelques pages, dont on peut lire ici la plus importante, les poèmes en prose que Verlaine envoyait à Germain Nouveau en 1875. Pour donner à la *Saison* la signification chrétienne qu'elle ne comporte pas, Berrichon est allé jusqu'à présenter cette page sur « Beth-Saïda » comme une introduction, très pieuse croyait-il, à la *Saison*. Il est clair que cette prose a pour origine l'évangile selon saint Jean ; non moins clair, que Rimbaud y prend systématiquement à contresens le texte chrétien.

Voici saint Jean, v, 2-9 : « A Jérusalem, près de la porte des Brebis, il y a une piscine qui s'appelle en hébreu Béthesda, et qui a cinq portiques. Sous ces portiques étaient couchés un grand nombre de malades, d'aveugles, de boiteux et de paralytiques (ils attendaient le bouillonnement de l'eau. Car un ange du Seigneur descendait à certains temps dans la piscine et agitait l'eau ; et celui qui y descendait le premier après l'agitation de l'eau était guéri de son infirmité quelle qu'elle fût). Là se trouvait un homme malade depuis trente-huit ans. Jésus l'ayant vu gisant, et sachant qu'il était malade depuis longtemps, lui dit : « Veux-tu guérir ? » Le malade lui répondit : « Seigneur, je n'ai personne pour me jeter dans la piscine dès que l'eau est agitée, et pendant que j'y vais, un autre descend avant moi. » Jésus lui dit : « Lève-toi, prends ton grabat et marche. » Et à l'instant cet homme fut guéri ; il prit son grabat et se mit à marcher. C'était un jour de sabbat. » On pourra donc ligne à ligne comparer ce texte à celui de Rimbaud.]

Beth-Saïda, la piscine des cinq galeries, était un point d'ennui. Il semblait que ce fût un sinistre lavoir[1], toujours accablé de la pluie et moisi ; et les mendiants s'agitaient sur les marches intérieures blêmies par ces lueurs d'orages précurseurs des éclairs d'enfer, en plaisantant sur leurs yeux bleus aveugles, sur les linges blancs ou bleus dont s'entouraient leurs moignons. O buanderie militaire, ô bain populaire. L'eau était toujours noire, et nul infirme n'y tombait même en songe.

C'est là que Jésus fit la première action grave ; avec les infâmes infirmes. Il y avait un jour, de février, mars ou avril, où le soleil de deux heures après midi laissait s'étaler une grande faux de lumière sur l'eau ensevelie ; et comme,

---

1. Comparez, plus bas, « bain populaire », « buanderie militaire » ; autant d'expressions destinées à évoquer un spectacle sordide.

là-bas, loin derrière les infirmes, j'aurais pu voir tout ce que ce rayon seul éveillait de bourgeons et de cristaux, et de vers, dans ce reflet, pareil à un ange blanc couché sur le côté, tous les reflets infiniment pâles remuaient[1].

Alors tous les péchés, fils légers et tenaces du démon, qui, pour les cœurs un peu sensibles, rendaient ces hommes plus effrayants que les monstres, voulaient se jeter à cette eau. Les infirmes descendaient, ne raillant plus ; mais avec envie.

Les premiers entrés sortaient guéris, disait-on. Non[2]. Les péchés les rejetaient sur les marches ; et les forçaient de chercher d'autres postes : car leur Démon ne peut rester qu'aux lieux où l'aumône est sûre.

Jésus entra aussitôt après l'heure de midi. Personne ne lavait ni ne descendait de bêtes. La lumière dans la piscine était jaune comme les dernières feuilles des vignes. Le divin maître se tenait contre une colonne : il regardait les fils du Péché ; le démon tirait sa langue en leur langue ; et riait ou niait[3].

Le Paralytique se leva, qui était resté couché sur le flanc, et ce fut d'un pas singulièrement assuré qu'ils le virent franchir la galerie et disparaître dans la ville, les Damnés[4].

## UNE SAISON EN ENFER

[Rimbaud lui-même a daté cette œuvre, et sur le texte même de l'édition originale : avril-août 1873. Inutile par conséquent de continuer à prétendre qu'elle fut achevée avant le coup de revolver. Une lettre à Delahaye confirme que Rimbaud y travaillait au mois de mai : « Je travaille pourtant assez régulièrement : je fais des petites histoires en prose, titre général : Livre païen, ou Livre nègre. C'est bête et innocent. » « Mon sort dépend de ce livre », ajoutait l'écrivain ; de ce livre « pour lequel une demi-douzaine d'histoires atroces sont encore à inventer. Comment inventer des atrocités ici ? Je ne t'envoie pas d'histoires, quoique j'en aie déjà trois ».

---

**1.** Il n'y a plus de surnaturel. Les jeux de lumière créent l'image, l'apparence d'un ange ; **2.** Rimbaud nie le miracle, et catégoriquement ; **3.** Jésus ne joue aucun rôle : nullement thaumaturge, ici ; **4.** L' « action grave » de Jésus, c'est donc, ici, sa présence parmi les hommes, les fils du Péché ; cette présence insolite va redonner des jambes à un paralytique.

Fin mai, Rimbaud rejoint Verlaine : c'est le départ vers Bouillon, Anvers, Londres, Bruxelles ; la rupture, l'arrestation de Verlaine. Rimbaud rentre chez sa mère, ajoute au *Livre païen* ou *Livre nègre* des textes de ton et de thèmes assez différents : *Nuit de l'enfer, Délires*, etc. ; c'est qu'entre-temps Rimbaud s'est « trouvé sur le point de faire le dernier *Couac* » (à Bruxelles) et qu'il a décidé de changer de vie : plus facile, en somme, que de « changer la vie ». Le *Livre nègre* devient alors *Une saison en enfer*.]

## MAUVAIS SANG

[La section *Mauvais Sang* correspond évidemment au *Livre païen*, ou *Livre nègre*, que Rimbaud composait en avril-mai 1873. L'auteur s'y peint à vif, en phrases haletantes, ou sèches, mais toujours proches encore du cri, dirait-on.]

J'ai de mes ancêtres gaulois l'œil bleu blanc, la cervelle étroite, et la maladresse dans la lutte. Je trouve mon habillement aussi barbare que le leur. Mais je ne beurre pas ma chevelure.

Les Gaulois étaient les écorcheurs de bêtes, les brûleurs d'herbes les plus ineptes de leur temps.

D'eux, j'ai : l'idolâtrie et l'amour du sacrilège ; — oh ! tous les vices, colère, luxure, — magnifique, la luxure ; — surtout mensonge et paresse.

J'ai horreur de tous les métiers. Maîtres et ouvriers, tous paysans, ignobles. La main à plume vaut la main à charrue. — Quel siècle à mains ! — Je n'aurai jamais ma main. Après, la domesticité mène trop loin. L'honnêteté de la mendicité me navre. Les criminels dégoûtent comme des châtrés : moi, je suis intact, et ça m'est égal.

Mais ! qui a fait ma langue perfide tellement, qu'elle ait guidé et sauvegardé jusqu'ici ma paresse ? Sans me servir pour vivre même de mon corps, et plus oisif que le crapaud, j'ai vécu partout. Pas une famille d'Europe que je ne connaisse. — J'entends des familles comme la mienne, qui tiennent tout de la déclaration des Droits de l'Homme. — J'ai connu chaque fils de famille !

Si j'avais des antécédents à un point quelconque de l'histoire de France !

Mais non, rien.

Il m'est bien évident que j'ai toujours été race inférieure. Je ne puis comprendre la révolte. Ma race ne se souleva jamais que pour piller : tel les loups à la bête qu'ils n'ont pas tuée.

Je me rappelle l'histoire de la France fille aînée de l'Église. J'aurais fait, manant, le voyage de terre sainte; j'ai dans la tête des routes dans les plaines souabes, des vues de Byzance, des remparts de Solyme[1]; le culte de Marie, l'attendrissement sur le crucifié s'éveillent en moi parmi mille féeries profanes. — Je suis assis, lépreux, sur les pots cassés et les orties, au pied d'un mur rongé par le soleil. — Plus tard, reître, j'aurais bivaqué[2] sous les nuits d'Allemagne.

Ah! encore : je danse le sabbat dans une rouge clairière, avec des vieilles et des enfants.

Je ne me souviens pas plus loin que cette terre-ci et le christianisme. Je n'en finirais pas de me revoir dans ce passé. Mais toujours seul; sans famille; même, quelle langue parlais-je ? Je ne me vois jamais dans les conseils du Christ; ni dans les conseils des Seigneurs, — représentants du Christ.

Qu'étais-je au siècle dernier : je ne me retrouve qu'aujourd'hui. Plus de vagabonds, plus de guerres vagues. La race inférieure a tout couvert — le peuple, comme on dit, la raison; la nation et la science.

Oh! la science! On a tout repris. Pour le corps et pour l'âme, — le viatique, — on a la médecine et la philosophie, — les remèdes de bonnes femmes et les chansons populaires arrangées. Et les divertissements des princes et les jeux qu'ils interdisaient! Géographie, cosmographie, mécanique, chimie!...

La science, la nouvelle noblesse! Le progrès. Le monde marche! Pourquoi ne tournerait-il pas ?

C'est la vision des nombres. Nous allons à l'*Esprit*. C'est très certain, c'est oracle, ce que je dis. Je comprends, et ne sachant m'expliquer sans paroles païennes, je voudrais me taire.

---

**1.** *Solyme* : un des noms que l'on donnait à Jérusalem, au Moyen Age; **2.** *Bivouac* est plus courant, mais *bivac* est plus proche de l'origine germanique; or, le poète se voit reître, d'où, peut-être, le choix de *bivaquer*, au lieu de *bivouaquer*. (On retrouve ici le thème d'une *Illumination* : *Enfance*, IV. Plusieurs « autres vies » lui semblent dues.)

Le sang païen revient! L'Esprit est proche, pourquoi Christ ne m'aide-t-il pas, en donnant à mon âme noblesse et liberté. Hélas! l'Évangile a passé! l'Évangile! l'Évangile.

J'attends Dieu avec gourmandise. Je suis de race inférieure de toute éternité.

Me voici sur la plage armoricaine. Que les villes s'allument dans le soir. Ma journée est faite; je quitte l'Europe. L'air marin brûlera mes poumons; les climats perdus me tanneront. Nager, broyer l'herbe, chasser, fumer surtout; boire des liqueurs fortes comme du métal bouillant, — comme faisaient ces chers ancêtres autour des feux.

Je reviendrai, avec des membres de fer[1], la peau sombre, l'œil furieux : sur mon masque, on me jugera d'une race forte. J'aurai de l'or : je serai oisif et brutal. Les femmes soignent ces féroces infirmes retour des pays chauds. Je serai mêlé aux affaires politiques. Sauvé.

Maintenant je suis maudit, j'ai horreur de la patrie. Le meilleur, c'est un sommeil bien ivre, sur la grève.

———————

On ne part pas. — Reprenons les chemins d'ici, chargé de mon vice, le vice qui a poussé ses racines de souffrance à mon côté, dès l'âge de raison — qui monte au ciel, me bat, me renverse, me traîne.

La dernière innocence et la dernière timidité. C'est dit. Ne pas porter au monde mes dégoûts et mes trahisons.

Allons! La marche, le fardeau, le désert, l'ennui et la colère.

A qui me louer? Quelle bête faut-il adorer? Quelle sainte image attaque-t-on? Quels cœurs briserai-je? Quel mensonge dois-je tenir? — Dans quel sang marcher?

Plutôt, se garder de la justice. — La vie dure, l'abrutissement simple, — soulever, le poing desséché, le couvercle du cercueil, s'asseoir, s'étouffer. Ainsi point de vieillesse, ni de dangers : la terreur n'est pas française.

— Ah! je suis tellement délaissé que j'offre à n'importe quelle divine image des élans vers la perfection.

O mon abnégation, ô ma charité merveilleuse! ici-bas, pourtant!

*De profundis Domine*, suis-je bête!

---

1. Cette page, et ces *membres de fer*, sont cités bien souvent par ceux qui, de Rimbaud, veulent faire un prophète. Il reviendra, mais les membres pourris.

Encore tout enfant, j'admirais le forçat intraitable[1] sur qui se referme toujours le bagne; je visitais les auberges et les garnis qu'il aurait sacrés par son séjour; je voyais *avec son idée* le ciel bleu et le travail fleuri de la campagne; je flairais sa fatalité dans les villes. Il avait plus de force qu'un saint, plus de bon sens qu'un voyageur — et lui, lui seul! pour témoin de sa gloire et de sa raison.

Sur les routes, par des nuits d'hiver, sans gîte, sans habits, sans pain, une voix étreignait mon cœur gelé : « Faiblesse ou force : te voilà, c'est la force. Tu ne sais ni où tu vas ni pourquoi tu vas, entre partout, réponds à tout. On ne te tuera pas plus que si tu étais cadavre. » Au matin j'avais le regard si perdu et la contenance si morte, que ceux que j'ai rencontrés *ne m'ont peut-être pas vu.*

Dans les villes la boue m'apparaissait soudainement rouge et noire, comme une glace quand la lampe circule dans la chambre voisine, comme un trésor dans la forêt! Bonne chance, criais-je, et je voyais une mer de flammes et de fumée au ciel; et, à gauche, à droite, toutes les richesses flambant comme un milliard de tonnerres.

Mais l'orgie et la camaraderie des femmes m'étaient interdites. Pas même un compagnon. Je me voyais devant une foule exaspérée, en face du peloton d'exécution, pleurant du malheur qu'ils n'aient pu comprendre, et pardonnant! — Comme Jeanne d'Arc! — « Prêtres, professeurs, maîtres, vous vous trompez en me livrant à la justice. Je n'ai jamais été de ce peuple-ci; je n'ai jamais été chrétien; je suis de la race qui chantait dans le supplice; je ne comprends pas les lois; je n'ai pas le sens moral, je suis une brute : vous vous trompez... »

Oui, j'ai les yeux fermés à votre lumière. Je suis une bête, un nègre. Mais je puis être sauvé. Vous êtes de faux nègres, vous maniaques, féroces, avares. Marchand, tu es nègre; magistrat, tu es nègre; général, tu es nègre; empereur, vieille démangeaison[2], tu es nègre : tu as bu d'une liqueur non taxée, de la fabrique de Satan. — Ce peuple est inspiré par la fièvre et le cancer. Infirmes et vieillards sont tellement respectables qu'ils demandent à être bouillis. — Le plus

---

1. La page qui suit peut illustrer le mythe du criminel, si puissant au XIXe siècle, et à notre époque (de Jean Valjean à Jean Genet); 2. Les détracteurs de Rimbaud condamnent volontiers cette expression empruntée pourtant à V. Hugo : « Des démangeaisons d'empereur sur la peau ».

malin est de quitter ce continent, où la folie rôde pour pourvoir d'otages ces misérables. J'entre au vrai royaume des enfants de Cham.

Connais-je encore la nature ? me connais-je ? — *Plus de mots*. J'ensevelis les morts dans mon ventre. Cris, tambour, danse, danse, danse, danse ! Je ne vois même pas l'heure où, les blancs débarquant, je tomberai au néant.

Faim, soif, cris, danse, danse, danse, danse !

# DÉLIRES

## I

### VIERGE FOLLE

#### L'ÉPOUX INFERNAL

[La Vierge folle, c'est Verlaine ; l'Époux infernal, Rimbaud. Sitôt reconnue cette évidence, tout ce *Délire* devient clair. Le compagnon d'enfer fait le portrait de l'époux infernal qui l'a séduit, ou séduite : « J'ai oublié tout mon devoir humain pour le suivre » : mon devoir humain, c'est-à-dire, la femme que je venais d'épouser ; l'enfant qui venait de naître.]

Écoutons la confession d'un compagnon d'enfer :

« O divin Époux, mon Seigneur, ne refusez pas la confession de la plus triste de vos servantes. Je suis perdue. Je suis soûle. Je suis impure. Quelle vie !

« Pardon, divin Seigneur, pardon ! Ah ! pardon ! Que de larmes ! Et que de larmes encore plus tard, j'espère !

« Plus tard, je connaîtrai le divin Époux ! Je suis née soumise à Lui. — L'autre peut me battre maintenant !

« A présent, je suis au fond du monde ! O mes amies !... non, pas mes amies... Jamais délires ni tortures semblables... Est-ce bête !

« Ah ! je souffre, je crie. Je souffre vraiment. Tout pourtant m'est permis, chargée du mépris des plus méprisables cœurs.

« Enfin, faisons cette confidence, quitte à la répéter vingt autres fois, — aussi morne, aussi insignifiante !

« Je suis esclave de l'Époux infernal, celui qui a perdu les vierges folles. C'est bien ce démon-là. Ce n'est pas un spectre, ce n'est pas un fantôme. Mais moi qui ai perdu la sagesse, qui suis damnée et morte au monde, — on ne me tuera pas ! — Comment vous le décrire ! Je ne sais même plus parler. Je suis en deuil, je pleure, j'ai peur. Un peu de fraîcheur, Seigneur, si vous voulez, si vous voulez bien !

« Je suis veuve... — J'étais veuve... — mais oui, j'ai été bien sérieuse jadis, et je ne suis pas née pour devenir squelette !... — Lui était presque un enfant[1]... Ses délicatesses mystérieuses m'avaient séduite. J'ai oublié tout mon devoir humain pour le suivre. Quelle vie ! La vraie vie est absente. Nous ne sommes pas au monde. Je vais où il va, il le faut. Et souvent il s'emporte contre moi, *moi, la pauvre âme*. Le Démon ! — C'est un Démon, vous savez, *ce n'est pas un homme*[2].

« Il dit : « Je n'aime pas les femmes[3]. L'amour est à réinventer, on le sait. Elles ne peuvent plus que vouloir une position assurée. La position gagnée, cœur et beauté sont mis de côté : il ne reste que froid dédain, l'aliment du mariage, aujourd'hui. Ou bien je vois des femmes, avec les signes du bonheur, dont, moi, j'aurais pu faire de bonnes camarades, dévorées tout d'abord par des brutes sensibles comme des bûchers... »

« Je l'écoute faisant de l'infamie une gloire, de la cruauté un charme : « Je suis de race lointaine[4] : mes pères étaient Scandinaves : ils se perçaient les côtes, buvaient leur sang. — Je me ferai des entailles partout le corps, je me tatouerai, je veux devenir hideux comme un Mongol : tu verras, je hurlerai dans les rues. Je veux devenir bien fou de rage. Ne me montre jamais de bijoux, je ramperais et me tordrais sur le tapis. Ma richesse, je la voudrais tachée de sang partout. Jamais je ne travaillerai... » Plusieurs nuits, son démon me saisissant, nous nous roulions, je luttais avec lui ! — Les nuits, souvent, ivre, il se poste dans des rues ou dans des maisons, pour m'épouvanter mortellement. — « On me coupera vraiment le cou ; ce sera dégoûtant. » Oh ! ces jours où il veut marcher avec l'air du crime !

---

1. Rimbaud avait à peine dix-sept ans lorsque Verlaine l'accueillit ; 2. Voyez le poème de Verlaine cité p. 113 : *A Arthur Rimbaud* ; 3. Voyez plus haut, p. 33 : « n'ayant pas aimé de femmes, — quoique plein de sang » ; 4. Voyez *Mauvais Sang* (p. 59), qui développe ce détail.

« Parfois il parle, en une façon de patois attendri, de la mort qui fait repentir, des malheureux qui existent certainement, des travaux pénibles, des départs qui déchirent les cœurs. Dans les bouges où nous nous enivrions, il pleurait en considérant ceux qui nous entouraient, bétail de la misère. Il relevait les ivrognes dans les rues noires. Il avait la pitié d'une mère méchante pour les petits enfants. — Il s'en allait avec des gentillesses de petite fille au catéchisme. — Il feignait d'être éclairé sur tout, commerce, art, médecine. — Je le suivais, il le faut !

« Je voyais tout le décor dont, en esprit, il s'entourait[1] ; vêtements, draps, meubles : je lui prêtais des armes, une autre figure. Je voyais tout ce qui le touchait, comme il aurait voulu le créer pour lui. Quand il me semblait avoir l'esprit inerte, je le suivais, moi, dans des actions étranges et compliquées, loin, bonnes ou mauvaises : j'étais sûre de ne jamais entrer dans son monde. A côté de son cher corps endormi, que d'heures des nuits j'ai veillé, cherchant pourquoi il voulait tant s'évader de la réalité. Jamais homme n'eut pareil vœu. Je reconnaissais, — sans craindre pour lui, — qu'il pouvait être un sérieux danger dans la société. — Il a peut-être des secrets pour *changer la vie ?* Non, il ne fait qu'en chercher, me répliquais-je. Enfin sa charité est ensorcelée, et j'en suis la prisonnière. Aucune autre âme n'aurait assez de force, — force de désespoir ! — pour la supporter, — pour être protégée et aimée par lui. D'ailleurs, je ne me le figurais pas avec une autre âme : on voit son Ange, jamais l'Ange d'un autre, — je crois. J'étais dans son âme comme dans un palais qu'on a vidé pour ne pas voir une personne si peu noble que vous : voilà tout. Hélas ! je dépendais bien de lui. Mais que voulait-il avec mon existence terne et lâche ? Il ne me rendait pas meilleure, s'il ne me faisait pas mourir ! Tristement dépitée, je lui dis quelquefois : « Je te comprends. » Il haussait les épaules.

« Ainsi, mon chagrin se renouvelant sans cesse, et me trouvant plus égarée à mes yeux, — comme à tous les yeux qui auraient voulu me fixer, si je n'eusse été condamnée pour jamais à l'oubli de tous ! — j'avais de plus en plus faim de sa bonté. Avec ses baisers et ses étreintes amies, c'était bien un ciel, un sombre ciel, où j'entrais, et où j'aurais voulu

---

1. Celui des *Illuminations*, ou des *Chansons*, dont il sera plus longuement question dans *Délires*. II.

être laissée, pauvre, sourde, muette, aveugle. Déjà j'en prenais l'habitude. Je nous voyais comme deux bons enfants, libres de se promener dans le Paradis de tristesse. Nous nous accordions. Bien émus, nous travaillions ensemble. Mais, après une pénétrante caresse, il disait : « Comme ça te paraîtra drôle, quand je n'y serai plus, ce par quoi tu as passé. Quand tu n'auras plus mes bras sous ton cou, ni mon cœur pour t'y reposer, ni cette bouche sur tes yeux. Parce qu'il faudra que je m'en aille, très loin, un jour. Puis il faut que j'en aide d'autres : c'est mon devoir. Quoique ce ne soit guère ragoûtant..., chère âme... » Tout de suite je me pressentais, lui parti, en proie au vertige, précipitée dans l'ombre la plus affreuse : la mort. Je lui faisais promettre qu'il ne me lâcherait pas. Il l'a faite vingt fois, cette promesse d'amant. C'était aussi frivole que moi lui disant : « Je te comprends. »

« Ah ! je n'ai jamais été jalouse de lui. Il ne me quittera pas, je crois. Que devenir ? Il n'a pas une connaissance ; il ne travaillera jamais. Il veut vivre somnambule[1]. Seules, sa bonté et sa charité lui donneraient-elles droit dans le monde réel ? Par instants, j'oublie la pitié où je suis tombée : lui me rendra forte, nous voyagerons, nous chasserons dans les déserts, nous dormirons sur les pavés des villes inconnues, sans soins, sans peines. Ou je me réveillerai, et les lois et les mœurs auront changé, — grâce à son pouvoir magique, — le monde, en restant le même, me laissera à mes désirs, joies, nonchalances. Oh ! la vie d'aventures qui existe dans les livres des enfants, pour me récompenser, j'ai tant souffert, me la donneras-tu ? Il ne peut pas. J'ignore son idéal. Il m'a dit avoir des regrets, des espoirs : cela ne doit pas me regarder. Parle-t-il à Dieu ? Peut-être devrais-je m'adresser à Dieu. Je suis au plus profond de l'abîme, et je ne sais plus prier.

« S'il m'expliquait ses tristesses, les comprendrais-je plus que ses railleries ? Il m'attaque, il passe des heures à me faire honte de tout ce qui m'a pu toucher au monde, et s'indigne si je pleure.

« — Tu vois cet élégant jeune homme, entrant dans la belle et calme maison : il s'appelle Duval, Dufour, Armand, Maurice, que sais-je ? Une femme s'est dévouée à aimer ce

1. Voyez plus loin, p. 71.

méchant idiot : elle est morte, c'est certes une sainte au ciel, à présent. Tu me feras mourir comme il a fait mourir cette femme. C'est notre sort, à nous, cœurs charitables... » Hélas ! il avait des jours où tous les hommes agissant lui paraissaient les jouets de délires grotesques : il riait affreusement, longtemps. — Puis, il reprenait ses manières de jeune mère, de sœur aimée. S'il était moins sauvage, nous serions sauvés ! Mais sa douceur aussi est mortelle. Je lui suis soumise. — Ah ! je suis folle !

« Un jour peut-être il disparaîtra merveilleusement ; mais il faut que je sache, s'il doit remonter à un ciel, que je voie un peu l'assomption de mon petit ami ! »

Drôle de ménage[1] !


# DÉLIRES

## II

### ALCHIMIE DU VERBE[2]

A moi. L'histoire d'une de mes folies.

Depuis longtemps je me vantais de posséder tous les paysages possibles, et trouvais dérisoires les célébrités de la peinture et de la poésie moderne[3].

J'aimais les peintures idiotes, dessus de portes, décors, toiles de saltimbanques, enseignes, enluminures populaires ; la littérature démodée, latin d'église, livres érotiques sans orthographe, romans de nos aïeules, contes de fées, petits livres de l'enfance, opéras vieux, refrains niais, rythmes naïfs.

Je rêvais croisades, voyages de découvertes dont on n'a pas de relations, républiques sans histoires, guerres de religion étouffées, révolutions de mœurs, déplacements de races et de continents : je croyais à tous les enchantements.

J'inventai[4] la couleur des voyelles ! — *A* noir, *E* blanc,

---

**1.** Il faut comparer cette *confession* à l'autre texte sur Verlaine, celui des *Illuminations* : « Pitoyable frère !... » ; **2.** Complément à l'alchimie baudelairienne de la douleur ; **3.** Voyez ci-dessus, pp. 37-38, le procès des lettres françaises ; **4.** Rimbaud dit bien *j'inventai* ; voilà qui condamne la plupart des gloses sur le sonnet des *Voyelles*, pp. 26-27.

*I* rouge, *O* bleu, *U* vert. — Je réglai la forme et le mouvement de chaque consonne, et, avec des rythmes instinctifs, je me flattai d'inventer un verbe poétique accessible, un jour ou l'autre, à tous les sens. Je réservais la traduction.

Ce fut d'abord une étude. J'écrivais des silences, des nuits, je notais l'inexprimable. Je fixais des vertiges.

Loin des oiseaux, des troupeaux, des villageoises,
Que buvais-je, à genoux dans cette bruyère
Entourée de tendres bois de noisetiers,
Dans un brouillard d'après-midi tiède et vert?

5 Que pouvais-je boire dans cette jeune Oise,
— Ormeaux sans voix, gazon sans fleurs, ciel couvert! —
Boire à ces gourdes jaunes, loin de ma case[1]
Chérie? Quelque liqueur d'or qui fait suer.

Je faisais une louche enseigne d'auberge.
10 — Un orage vint chasser le ciel. Au soir
L'eau des bois se perdait sur les sables vierges,
Le vent de Dieu jetait des glaçons aux mares;

Pleurant, je voyais de l'or — et ne pus boire. —
. . . . . . . . . . . . . . . . . . . . . . . . .

La vieillerie poétique avait une bonne part dans mon alchimie du verbe.

Je m'habituai à l'hallucination simple : je voyais très franchement une mosquée à la place d'une usine, une école de tambours faite par des anges, des calèches sur les routes du ciel, un salon au fond d'un lac[2]; les monstres, les mystères; un titre de vaudeville dressait des épouvantes devant moi[3].

Puis j'expliquai mes sophismes magiques avec l'hallucination des mots!

Je finis par trouver sacré le désordre de mon esprit. J'étais oisif, en proie à une lourde fièvre : j'enviais la félicité

---

**1.** Cette fois, plus de *gourde de colocase;* voyez à ce propos p. 41. Rimbaud se corrige avec tact; **2.** Allusion aux *Illuminations;* **3.** Allusion probable à *Michel et Christine;* voyez p. 43.

des bêtes, — les chenilles, qui représentent l'innocence des limbes, les taupes, le sommeil de la virginité!

Mon caractère s'aigrissait. Je disais adieu au monde dans d'espèces de romances :

### CHANSON DE LA PLUS HAUTE TOUR[1]

> Qu'il vienne, qu'il vienne,
> Le temps dont on s'éprenne.
>
> J'ai tant fait patience
> Qu'à jamais j'oublie.
> Craintes et souffrances
> Aux cieux sont parties.
> Et la soif malsaine
> Obscurcit mes veines.
>
> Qu'il vienne, qu'il vienne.
> Le temps dont on s'éprenne.
>
> Telle la prairie
> A l'oubli livrée,
> Grandie, et fleurie
> D'encens et d'ivraies,
> Au[2] bourdon farouche
> Des sales mouches.
>
> Qu'il vienne, qu'il vienne,
> Le temps dont on s'éprenne.

J'aimai le désert, les vergers brûlés, les boutiques fanées, les boissons tiédies. Je me traînais dans les ruelles puantes et, les yeux fermés, je m'offrais au soleil, dieu de feu[3].

« Général, s'il reste un vieux canon sur tes remparts en ruines, bombarde-nous avec des blocs de terre sèche. Aux glaces des magasins splendides! dans les salons! Fais manger

---

**1.** Voir Étiemble, *Sur une « source » de Rimbaud*, dans *Modern Philology*, Chicago, mai 1940, pp. 371-374. Pour Izambard, la source de cette chanson serait la *Chanson de l'avène*, thème du folklore. Tout au plus a-t-elle donné le rythme et la rime du refrain; **2.** *Au* introduit-il un second complément de *livrée* ou bien un complément circonstanciel des quatre premiers vers (comme on dit : « au son du canon »)? **3.** Rimbaud voulait redevenir (et rendre Verlaine) « fils du soleil », c'est-à-dire païen.

sa poussière à la ville. Oxyde les gargouilles. Emplis les boudoirs de poudre de rubis brûlante... »

Oh! le moucheron enivré à la pissotière de l'auberge, amoureux de la bourrache, et que dissout un rayon!

. . . . . . . . . . . . . . . . . . . . . . . . . . . . .

Enfin, ô bonheur, ô raison, j'écartai du ciel l'azur, qui est du noir, et je vécus, étincelle d'or de la lumière *nature*. De joie, je prenais une expression bouffonne et égarée au possible[1] :

> Elle est retrouvée!
> Quoi ? l'éternité.
> C'est la mer mêlée
>     Au soleil.
>
> 5   Mon âme éternelle,
> Observe ton vœu
> Malgré la nuit seule
> Et le jour en feu.
>
> Donc tu te dégages
> 10  Des humains suffrages,
> Des communs élans!
> Tu voles selon.....
>
> — Jamais l'espérance.
> Pas d'*orietur*.
> 15  Science et patience,
> Le supplice est sûr.
>
> Plus de lendemain,
> Braises de satin,
>     Votre ardeur
> 20  Est le devoir[2].

**1.** Que penser dès lors de ceux qui commentent avec piété, ou gravité, le poème suivant et, sous prétexte d'*éternité*, y introduisent une pensée chrétienne? Le thème, donné à la première et repris à la dernière strophe, est pourtant clair. L'éternité, c'est la joie de l'instant, pour celui qui retrouve l'esprit païen, la mer, le soleil, la nature; **2.** Les strophes 2, 3, 4 et 5 sont en effet « bouffonnes », « égarées au possible ». Mais on y peut observer des recherches de poétique : non plus des rimes, çà et là, mais des sons qui se répondent : *-elle* à *-eule*, *-lans* à *-lon*, *-deur* à *-voir*.

Elle est retrouvée!
— Quoi? — l'Éternité.
C'est la mer mêlée
Au soleil.


Je devins un opéra fabuleux : je vis que tous les êtres ont une fatalité de bonheur : l'action n'est pas la vie, mais une façon de gâcher quelque force, un énervement. La morale est la faiblesse de la cervelle.

A chaque être, plusieurs *autres* vies me semblaient dues. Ce monsieur ne sait ce qu'il fait : il est un ange. Cette famille est une nichée de chiens. Devant plusieurs hommes, je causai tout haut avec un moment d'une de leurs autres vies. — Ainsi, j'ai aimé un porc.

Aucun des sophismes de la folie, — la folie qu'on enferme, — n'a été oublié par moi : je pourrais les redire tous, je tiens le système.

Ma santé fut menacée. La terreur venait. Je tombais dans des sommeils de plusieurs jours, et, levé, je continuais les rêves les plus tristes. J'étais mûr pour le trépas, et par une route de dangers ma faiblesse me menait aux confins du monde et de la Cimmérie[1], patrie de l'ombre et des tourbillons.

Je dus voyager, distraire les enchantements assemblés sur mon cerveau. Sur la mer, que j'aimais comme si elle eût dû me laver d'une souillure, je voyais se lever la croix consolatrice. J'avais été damné par l'arc-en-ciel. Le Bonheur était ma fatalité, mon remords, mon ver : ma vie serait toujours trop immense pour être dévouée à la force et à la beauté.

Le Bonheur! Sa dent, douce à la mort, m'avertissait au chant du coq, — *ad matutinum*, au *Christus venit*, — dans les plus sombres villes :


O saisons, ô châteaux!
Quelle âme est sans défauts?

J'ai fait la magique étude
Du bonheur, qu'aucun[2] n'élude.


1. Pour les Grecs de l'Antiquité, c'était la Crimée; 2. Variante : *que nul.*

5     Salut à lui[1], chaque fois
     Que chante le coq gaulois.

     Ah! je n'aurai plus d'envie :
     Il s'est chargé de ma vie.

     Ce charme a pris âme et corps
10     Et dispersé les efforts.

      O saisons, ô châteaux!

     L'heure de sa fuite, hélas!
     Sera l'heure du trépas.

      O saisons, ô châteaux[2]!


Cela s'est passé. Je sais aujourd'hui saluer la beauté[3].


## ADIEU


[Voici la condamnation de *Ma Bohème* et la conversion à une sagesse; Montaigne, la sagesse même, hait la pauvreté à l'égal de la souffrance.]

L'automne déjà! — Mais pourquoi regretter un éternel soleil, si nous sommes engagés à la découverte de la clarté divine, — loin des gens qui meurent sur les saisons.

L'automne. Notre barque élevée dans les brumes immobiles tourne vers le port de la misère, la cité énorme au ciel taché de feu et de boue. Ah! les haillons pourris, le pain trempé de pluie, l'ivresse, les mille amours qui m'ont

---

1. *A lui*, c'est-à-dire au bonheur; *il s'est chargé*, et *sa fuite* renvoient également à *bonheur* (mais certains ont pensé lire en ce pronom : Paul Verlaine); 2. Inutile pour comprendre cette « chanson » d'aller chercher les « châteaux » de sainte Thérèse et toute la mystique espagnole. Cette chanson dit simplement ce qu'elle dit : « Le Bonheur [...] m'avertissait au chant du coq »; 3. Les brouillons d'*Une saison en enfer* commentent cette formule qu'on essaie souvent de ne pas comprendre : « Cela s'est passé peu à peu. Je hais maintenant les élans mystiques et les bizarreries de style. Maintenant je puis dire que l'art est une sottise. »

crucifié! Elle ne finira donc point cette goule reine de millions d'âmes et de corps morts *et qui seront jugés !* Je me revois la peau rongée par la boue et la peste, des vers plein les cheveux et les aisselles et encore de plus gros vers dans le cœur, étendu parmi des inconnus sans âge, sans sentiment... J'aurais pu y mourir... L'affreuse évocation! J'exècre la misère.

Et je redoute l'hiver parce que c'est la saison du comfort[1]!

— Quelquefois je vois au ciel des plages sans fin couvertes de blanches nations en joie. Un grand vaisseau d'or, au-dessus de moi, agite ses pavillons multicolores sous les brises du matin. J'ai créé toutes les fêtes, tous les triomphes, tous les drames. J'ai essayé d'inventer de nouvelles fleurs[2], de nouveaux astres, de nouvelles chairs, de nouvelles langues. J'ai cru acquérir des pouvoirs surnaturels. Eh bien! je dois enterrer mon imagination et mes souvenirs! Une belle gloire d'artiste et de conteur emportée!

Moi! moi qui me suis dit mage ou ange, dispensé de toute morale, je suis rendu au sol, avec un devoir à chercher, et la réalité rugueuse à étreindre! Paysan!

Suis-je trompé? la charité serait-elle sœur de la mort, pour moi?

---

1. Anglicisme (*comfort*, en anglais) ou faute d'impression? Rimbaud vient de passer quelque temps à Londres; 2. Voyez *Ce qu'on dit au poète à propos de fleurs* :

> De vos forêts et de vos prés,
> O très paisibles photographes!
> La Flore est diverse à peu près
> Comme des bouchons de carafes!
>
> Toujours les végétaux Français,
> Hargneux, phtisiques, ridicules,
> Où le ventre des chiens bassets
> Navigue en paix, aux crépuscules;
> [. . . . . . . . . . . . . . . . . . .]
>
> Trouve, aux abords du Bois qui dort,
> Les fleurs, pareilles à des mufles,
> D'où bavent des pommades d'or
> Sur les cheveux sombres des Buffles!
>
> Trouve, aux prés fous, où sur le Bleu
> Tremble l'argent des pubescences,
> Des calices pleins d'Œufs de feu
> Qui cuisent parmi les essences!
>
> Trouve des Chardons cotonneux
> Dont dix ânes aux yeux de braises
> Travaillent à filer les nœuds!
> Trouve des Fleurs qui soient des chaises!

Enfin, je demanderai pardon pour m'être nourri de mensonge. Et allons.

Mais pas une main amie! et où puiser le secours?

Oui, l'heure nouvelle est au moins très sévère.

Car je puis dire que la victoire m'est acquise : les grincements de dents, les sifflements de feu, les soupirs empestés se modèrent. Tous les souvenirs immondes s'effacent. Mes derniers regrets détalent, — des jalousies pour les mendiants, les brigands, les amis de la mort, les arriérés de toutes sortes. — Damnés, si je me vengeais!

Il faut être absolument moderne.

Point de cantiques : tenir le pas gagné. Dure nuit! le sang séché fume sur ma face, et je n'ai rien derrière moi, que cet horrible arbrisseau!... Le combat spirituel est aussi brutal que la bataille d'hommes; mais la vision de la justice est le plaisir de Dieu seul.

Cependant c'est la veille[1]. Recevons tous les influx de vigueur et de tendresse réelle[2]. Et à l'aurore, armés d'une ardente patience, nous entrerons aux splendides villes.

Que parlais-je de main amie! Un bel avantage, c'est que je puis rire des vieilles amours mensongères, et frapper de honte ces couples menteurs, — j'ai vu l'enfer des femmes[3] là-bas; — et il me sera loisible de *posséder la vérité dans une âme et un corps.*

Avril-août 1873.

---

1. A cette « veille » qui précède la conversion au « devoir », comparez ci-dessus, p. 49, la « petite veille d'ivresse, sainte! »; 2. *Réelle*, ici, est le mot important; à ce passé de « rêves », de « folies », d' « opéra », Rimbaud va renoncer pour devenir un technicien, un marchand, un explorateur; 3. Que ce mot n'induise pas en erreur : la prudence exige que Rimbaud dise « femmes ». Ce qu'il veut ici « frapper de honte », c'est le « drôle de ménage », c'est la Vierge folle et l'infernal Époux.

# L'ÂGE D'HOMME
## (1875-1891)

[Rimbaud est bien mort aux lettres, ainsi que le prouve le document ci-dessous, la lettre du 14 octobre 1875; au début de l'année, il espérait encore et se proposait de publier quelques poèmes en prose. Désormais, le virtuose du vers latin songe à préparer un baccalauréat ès sciences.

André Breton considère que le *Rêve* ici confié par Rimbaud à Ernest Delahaye est un poème décidément trop peu connu (*Minotaure*, n° 6). Voyons-y plutôt une plaisanterie de chambrée.

Nous donnons un fragment du rapport sur l'Ogadine, ainsi que l'itinéraire d'Antotto à Harar. Ces documents ont valu à Rimbaud quelque notoriété dans les milieux scientifiques (sociétés française et étrangères de géographie). Mais le bruit fait par Verlaine, en 1884, avec *les Poètes maudits*, mais le bruit organisé autour des *Illuminations* étouffe la renommée de celui dont la Société française de géographie voudrait une photo, pour la joindre à celles « des personnes qui se sont fait un nom dans les sciences géographiques et dans les voyages ».

Nous donnons enfin une des lettres africaines : on y voit l'homme en effet qui a choisi le « réel », et qui retrouve son désir enfantin : « je veux être rentier ».]

## À ERNEST DELAHAYE
### À RETHEL

[Charleville], 14 octobre 75.

Cher ami,

Reçu le Postcard et la lettre de V.[1] il y a huit jours. Pour tout simplifier, j'ai dit à la Poste d'envoyer ses restantes chez moi, de sorte que tu peux écrire ici, si encore rien aux restantes. Je ne commente pas les dernières grossieretés du Loyola[2], et je n'ai plus d'activité à me donner de ce côté-là à présent, comme il paraît que la 2ᵉ « portion » du « contingent » de la « classe 74 » va-t-être appelée le trois novembre suivant ou prochain : la chambrée de nuit :

---

1 et 2. Verlaine, qui s'était converti dans sa prison.

## « RÊVE »

On a faim dans la chambrée —
                      C'est vrai...
Émanations, explosions,
Un génie : Je suis le gruère!
            Lefebvre : Keller!
Le génie : Je suis le Brie!
Les soldats coupent sur leur pain :
                      C'est la vie!
Le génie — Je suis le Roquefort!
            — Ça s'ra not' mort!...
            — Je suis le gruère
            Et le Brie..., etc.


## VALSE

On nous a joints, Lefebvre et moi, etc.

De telles préoccupations ne permettent que de s'y absor-bère[1]. Cependant renvoyer obligeamment, selon les occases, les « Loyolas » qui rappliqueraient.

Un petit service : veux-tu me dire précisément et concis — en quoi consiste le « bachot » ès sciences actuel, partie classique, et mathém., etc. — Tu me dirais le point de chaque partie que l'on doit atteindre : mathém., phys., chim., etc., et alors des titres, immédiat[2] (et le moyen de se procurer) des livres employés dans ton collège : par ex. pour ce « Bachot », à moins que ça ne change aux diverses universités : en tous cas, de professeurs ou d'élèves compétents, t'infor-mer à ce point de vue que je te donne. Je tiens surtout à des choses précises, comme il s'agirait de l'achat de ces livres prochainement. Instruct. militaire et « Bachot », tu vois, me feraient deux ou trois agréables saisons! Au diable d'ailleurs ce « gentil labeur ». Seulement sois assez bon pour m'indiquer le plus mieux possible la façon comment on s'y met.

Ici rien de rien. [...]

---

**1.** Vulgarité affectée, chère au premier Rimbaud et à Verlaine; **2.** Il faut sans doute comprendre : « immédiatement », comme plus haut *concis* voulait dire « d'une manière concise ».

# RAPPORT SUR L'OGADINE

*par M. Arthur Rimbaud, agent de MM. Mazeran, Viannay et Bardey, à Harar (Afrique orientale). [Communiqué par M. Bardey.]*

Harar, 10 décembre 1883.

Voici les renseignements rapportés par notre première expédition dans l'Ogadine.

Ogadine est le nom d'une réunion de tribus somalies d'origine et de la contrée qu'elles occupent et qui se trouve délimitée généralement sur les cartes entre les tribus somalies des Habr-Gerhadjis, Doulbohantes, Midjertines et Hawïa au nord, à l'est et au sud. A l'ouest, l'Ogadine confine aux Gallas, pasteurs Ennyas, jusqu'au Wabi, et ensuite la rivière Wabi la sépare de la grande tribu Oromo des Oroussis.

Il y a deux routes du Harar à l'Ogadine : l'une, par l'est de la ville vers le Boursouque et au sud du mont Condoudo par le War-Ali, comporte trois stations jusqu'aux frontières de l'Ogadine.

C'est la route qu'a prise notre agent, M. Sottiro; et la distance du Harar au point où il s'est arrêté dans le Rèse-Hersi égale la distance du Harar à Biocabouba sur la route de Zeilah, soit environ 140 kilomètres. Cette route est la moins dangereuse et elle a de l'eau.

L'autre route se dirige au sud-est du Harar par le gué de la rivière du Hérer, le marché de Babili, les Wara-Heban, et ensuite les tribus pillardes somali-gallas de l'Hawïa.

Le nom de Hawïa semble désigner spécialement des tribus formées d'un mélange de Gallas et de Somalis, et il en existe une fraction au nord-ouest, en dessous du plateau du Harar, une deuxième au sud du Harar sur la route de l'Ogadine, et enfin une troisième très considérable au sud-est de l'Ogadine, vers le Sahel, les trois fractions étant donc absolument séparées et apparemment sans parenté.

Comme toutes les tribus somalies qui les environnent, les Ogadines sont entièrement nomades et leur contrée manque complètement de routes ou de marchés. Même de l'extérieur, il n'y a pas spécialement de routes y aboutissant, et les routes tracées sur les cartes, de l'Ogadine à Berberah, Mogdischo (Magadoxo) ou Braoua, doivent indiquer simplement la direction générale du trafic.

L'Ogadine est un plateau de steppes presque sans ondulations, incliné généralement au sud-est. Sa hauteur doit être à peine la moitié de celle (1 800 m) du massif du Harar.

Son climat est donc plus chaud que celui du Harar. Elle aurait, paraît-il, deux saisons de pluies : l'une en octobre, et l'autre en mars. Les pluies sont alors fréquentes, mais assez légères.

Les cours d'eau de l'Ogadine sont sans importance. On en compte quatre, descendant tous du massif de Harar; l'un, le Fafan, prend sa source dans le Condoudo, descend par le Boursouque (ou Barsoub), fait un coude dans toute l'Ogadine, et vient se jeter dans le Wabi au point nommé Faf, à mi-chemin de Mogdischo; c'est le cours d'eau le plus apparent de l'Ogadine. Deux autres petites rivières sont : le Hérer, sortant également du Garo Condoudo, contournant le Babili et recevant, à quatre jours sud du Harar dans les Ennyas, le Gobeiley et le Moyo descendus des Alas, puis se jetant dans le Wabi en Ogadine, au pays de Nokob; et la Dokhta, naissant dans le Wara Heban (Babili) et descendant au Wabi, probablement dans la direction du Hérer.

Les fortes pluies du massif Harar et du Boursouque doivent occasionner dans l'Ogadine supérieure des descentes torrentielles passagères et de légères inondations qui, à leur apparition, appellent les goums pasteurs dans cette direction. Au temps de la sécheresse, il y a, au contraire, un mouvement général de retour des tribus vers le Wabi.

L'aspect général de l'Ogadine est donc la steppe d'herbes hautes, avec des lacunes pierreuses; ses arbres, du moins dans la partie explorée par nos voyageurs, sont tous ceux des déserts somalis : mimosas, gommiers, etc. Cependant, aux approches du Wabi, la population est sédentaire et agricole. Elle cultive d'ailleurs presque uniquement le *dourah*[1] et emploie même des esclaves originaires des Aroussis et autres Gallas d'au delà du fleuve. Une fraction de la tribu des Malingours, dans l'Ogadine supérieure, plante aussi accidentellement du dourah, et il y a également

---

1. *Dourah* : sorgho.

de-ci de-là quelques villages de Cheikhaches cultivateurs.

Comme tous les pasteurs de ces contrées, les Ogadines sont toujours en guerre avec leurs voisins et entre eux-mêmes.

Les Ogadines ont des traditions assez longues de leurs origines. Nous avons seulement retenu qu'ils descendent tous primitivement de Rère Abdallah et Rère Ishay (*Rère* signifie : enfants, famille, maison; en galla, on dit *Warra*). Rère Abdallah eut la postérité de Rère Hersi et Rère Hammadèn : ce sont les deux principales familles de l'Ogadine supérieure.

Rère Ishay engendra Rère Ali et Rère Aroun. Ces *rères* se subdivisent ensuite en innombrables familles secondaires. L'ensemble des tribus visitées par M. Sottiro est de la descendance Rère Hersi, et se nomment Malingours, Aïal, Oughas, Sementar, Magan.

Les différentes divisions des Ogadines ont à leur tête des chefs nommés *oughaz*. L'oughaz de Malingour, notre ami Amar Hussein, est le plus puissant de l'Ogadine supérieure et il paraît avoir autorité sur toutes les tribus entre l'Habr Gerhadji et le Wabi. Son père vint au Harar du temps de Raouf Pacha qui lui fit cadeau d'armes et de vêtements. Quant à Amar Hussein, il n'est jamais sorti de ses tribus où il est renommé comme guerrier, et il se contente de respecter l'autorité égyptienne à distance.

D'ailleurs, les Égyptiens semblent regarder les Ogadines, ainsi du reste que tous les Somalis et Dankalis, comme leurs sujets ou plutôt leurs alliés naturels, en qualité de musulmans, et n'ont aucune idée d'invasion sur leurs territoires.

. . . . . . . . . . . . . . . . . . . .


## AUX SIENS

Aden, le 15 janvier 1885.

Mes chers amis,

J'ai reçu votre lettre du 26 décembre 1884. Merci de vos bons souhaits. Que l'hiver vous soit court et l'année heureuse !

Je me porte toujours bien, dans ce sale pays.

J'ai rengagé pour un an, c'est-à-dire jusqu'à fin 1885 ; mais il est possible que, cette fois encore, les affaires soient suspendues avant ce terme. Ces pays-ci sont devenus très mauvais, depuis les affaires d'Égypte. Je reste aux mêmes conditions. J'ai 300 francs net par mois, sans compter mes autres frais qui sont payés et qui représentent encore 300 autres francs par mois. Cet emploi est donc d'environ 7 000 francs par an, dont il me reste net environ 3 500 à 4 000 francs à la fin de l'année. Ne me croyez pas capitaliste : tout mon capital à présent est de 13 000 francs, et sera d'environ 17 000 à la fin de l'année. J'aurai travaillé cinq ans pour ramasser cette somme. Mais quoi faire ailleurs ? J'ai mieux fait de patienter là où je pouvais vivre en travaillant : car quelles sont mes perspectives ailleurs ? Mais, c'est égal, les années se passent, et je n'amasse rien. Je n'arriverai jamais à vivre de mes rentes dans ces pays.

Mon travail ici consiste à faire des achats de cafés. J'achète environ deux cent mille francs par mois. En 1883, j'avais acheté plus de 3 millions dans l'année et mon bénéfice là-dessus n'est rien de plus que mes malheureux appointements, soit trois, quatre mille francs par an : vous voyez que les emplois sont mal payés partout. Il est vrai que l'ancienne maison a fait une faillite de neuf cent mille francs, mais non attribuable aux affaires d'Aden, qui, si elles ne laissaient pas de bénéfice, ne perdaient au moins rien. J'achète aussi beaucoup d'autres choses : des gommes, encens, plumes d'autruche, ivoire, cuirs secs, girofles, etc., etc.

Je ne vous envoie pas ma photographie : j'évite avec soin tous les frais inutiles. Je suis d'ailleurs toujours mal habillé ; on ne peut se vêtir ici que de cotonnades très légères.

Les gens qui ont passé quelques années ici ne peuvent plus passer l'hiver en Europe : ils crèveraient de suite[1] par quelque fluxion de poitrine. Si je reviens, ce ne sera donc jamais qu'en été ; et je serai forcé de redescendre, en hiver au moins, vers la Méditerranée. En tous cas, ne comptez pas que mon humeur deviendrait moins vagabonde. Au contraire, si j'avais le moyen de voyager sans être forcé de séjourner pour travailler et gagner l'existence, on ne me verrait pas deux mois à la même place. Le monde est très grand et plein de contrées magnifiques que l'existence de

---

1. Même faute que dans la lettre « du voyant », p. 34, note 1.

Phot. X.

**Rimbaud en Afrique.**
Document extrait de l'ouvrage de F. Ruchon.
Paris, Bibliothèque nationale.

mille hommes ne suffirait pas à visiter. Mais, d'un autre côté, je ne voudrais pas vagabonder dans la misère. Je voudrais avoir quelques milliers de francs de rentes et pouvoir passer l'année dans deux ou trois contrées différentes, en vivant modestement et en faisant quelques petits trafics pour payer mes frais. Mais pour vivre toujours au même lieu, je trouverai toujours cela très malheureux. Enfin, le plus probable, c'est qu'on va plutôt où l'on ne veut pas, et que l'on fait plutôt ce qu'on ne voudrait pas faire, et qu'on vit et décède tout autrement qu'on ne le voudrait jamais, sans espoir d'aucune espèce de compensation.

Pour les Corans, je les ai reçus il y a longtemps, il y a juste un an, au Harar même. Quant aux autres livres, ils ont en effet dû être vendus.

Je voudrais bien vous faire envoyer quelques livres, mais j'ai déjà perdu de l'argent à cela. Pourtant, je n'ai aucune distraction ici, où il n'y a ni journaux, ni bibliothèques, et où l'on vit comme des sauvages.

Écrivez cependant à la librairie Hachette, je crois, et demandez quelle est *la plus récente édition* du *Dictionnaire de Commerce et de Navigation*, de Guillaumin. S'il y a une édition récente, d'après 1880, vous pouvez me l'envoyer : il y a deux gros volumes, ça coûte cent francs, mais on peut avoir cela au rabais chez Sauton. Mais s'il n'y a que de vieilles éditions, je n'en veux pas. — Attendez ma prochaine lettre pour cela.

Bien à vous.

RIMBAUD.

## À M. BARDEY

Le Caire, 26 août 1887.

Mon cher Monsieur Bardey,

Sachant que vous vous intéressez toujours aux choses de l'Afrique, je me permets de vous envoyer les quelques notes suivantes sur les choses du Choa et du Harar à présent.

D'Antotto à Tadjourah, la route Dankalie est tout à fait impraticable : les fusils Soleillet, arrivés à Tadjourah en février 86, sont encore là. — Le sel du lac Assal, qu'une société devait exploiter, est inaccessible et serait d'ailleurs invendable : c'est une flibusterie.

Mon affaire a très mal tourné, et j'ai craint quelque temps de redescendre sans un thaler; je me suis trouvé assailli là-haut par une bande de faux créanciers de Labatut, et en tête Ménélik, qui m'a volé, en son nom, 3 000 thalaris. Pour éviter d'être intégralement dévalisé, je demandai à Ménélik de me faire passer par le Harar, qu'il venait d'annexer : il me donna une traite genre Choa, sur son *oukil* au Harar, le dedjatch Makonnen.

Ce n'est que quand j'eus demandé à Ménélik de passer par cette route que M. Borelli eut l'idée de se joindre à moi.

Voici l'itinéraire :

## (ITINÉRAIRE D'ANTOTTO À HARAR)

1º D'Antotto à la rivière Akali plateau cultivé, 25 kilometres.

2º Village galla des Abitchou, 30 kilomètres. Suite du plateau : hauteur, environ 2 500 mètres. On marche, avec le mont Hérer au sud.

3º Suite du plateau. On descend à la plaine du Mindjar par le Chankora. Le Mindjar a un sol riche soigneusement cultivé. L'altitude doit être 1 800 mètres. (Je juge de l'altitude par le genre de végétation; il est impossible de s'y tromper, pour peu qu'on ait voyagé dans les pays éthiopiens.) Longueur de cette étape : 25 kilomètres.

4º Suite du Mindjar : 25 kilomètres. Mêmes cultures. Le Mindjar manque d'eau. On conserve dans des trous l'eau des pluies.

5º Fin du Mindjar. La plaine cesse, le pays s'accidente : le sol est moins bon. Cultures nombreuses de coton. — 30 kilomètres.

6º Descente au Cassam. Plus de cultures. Bois de mimosas traversés par la route frayée par Ménélik et déblayée sur une largeur de 10 mètres. — 25 kilomètres.

7º On est en pays bédouin, en Rouella, ou terre chaude.

Broussailles et bois de mimosas peuplés d'éléphants et de bêtes féroces. La route du Roi se dirige vers une source d'eau chaude, nommée Fil-Ouaha, et l'Hawache. Nous campons dans cette direction, à 30 kilomètres du Cassam.

8° De là à l'Hawache, très encaissé à ce passage, 20 kilomètres. Toute la région des deux côtés de l'Hawache à deux jours et demi se nomme Careyon. Tribus Gallas bédouines, propriétaires de chameaux et autres bestiaux; en guerre avec les Aroussis. Hauteur du passage de l'Hawache : environ 800 mètres. 80 centimètres d'eau.

9° Au delà de l'Hawache, 30 kilomètres de brousse. On marche par les sentiers des éléphants.

10° Nous remontons rapidement à l'Itou par des sentiers ombragés. Beau pays boisé, peu cultivé. Nous nous retrouvons vite à 2 000 mètres d'altitude. Halte à Galamso, poste abyssin de trois à quatre cents soldats au dedjatch Woldé Guibril. — 35 kilomètres.

11° De Galamsa à Boroma, poste de mille soldats au ras Dargué, — 30 kilomètres. Les cultures de l'Abyssinie sont remplacées par le dourah. Altitude : 2 200 mètres.

12° Suite du Tchertcher. Magnifiques forêts. Un lac, nommé Arro. On marche sur la crête d'une chaîne de collines. L'Aroussi, à droite, parallèle à notre route, plus élevé que l'Itou; ses grandes forêts et ses belles montagnes sont ouvertes en panorama. Halte à un lieu nommé Wotcho. — 30 kilomètres.

13° 15 kilomètres jusqu'à la maison du scheik Jahia, à Goro. Nombreux villages. C'est le centre des Itous où se rendent les marchands du Harar et ceux de l'Abyssinie qui viennent vendre des chameaux. Il y a là beaucoup de familles abyssines musulmanes.

14° 20 kilomètres, Herna. Splendides vallées couronnées de forêts à l'ombre desquelles on marche. Caféiers. C'est là qu'Abd-Ullahi, l'émir de Harar, avait envoyé quelques Turcs déloger un poste abyssin, fait qui causa la mise en marche de Ménélik.

15° Bourka : vallée nommée ainsi d'une rivière ou torrent à fort débit, qui descend à l'Ennya. Forêts étendues. — 30 kilomètres.

16° Oborra. Pays boisé, accidenté, calcaire, pauvre. — 30 kilomètres.

17° Chalanko, champ de bataille de l'Émir. Meta, forêts de pins. Warabelly-Meta doit être le point le plus haut de toute la route, peut-être 2 600 mètres. Longueur de l'étape : 30 kilomètres.

18° Lac de Yabatha, lacs de Harramoïa. Harar. — 40 kilomètres.

. . . . . . . . . . . . . . . . . . . . . . . .

# DOCUMENTATION THÉMATIQUE

réunie par la Rédaction des Nouveaux Classiques Larousse.

1. Les découvertes de Lautréamont :
    1.1. Satanisme ?
    1.2. La Révolte ;
    1.3. « Une beauté magique » ;
    1.4. Le fantastique ;
    1.5. Transfiguration de la ville.

2. La révolte créatrice de Rimbaud.

3. Sur deux poèmes :
    3.1. « Les Chercheuses de poux » ;
    3.2. « Les Voyelles ».

4. D'autres aspects de Rimbaud :
    4.1. Extraits de l'*Album Zutique* ;
    4.2. *La Lettre du Baron Petdechèvre*... ;
    4.3. *Les Déserts de l'amour* (extraits).

5. Brouillons d'*Une saison en enfer*.

# 1. LES DÉCOUVERTES DE LAUTRÉAMONT

## 1.1. SATANISME?

Vieil océan, aux vagues de cristal, tu ressembles à ces marques azurées que l'on voit sur le dos meurtri des mousses; tu es un immense bleu, appliqué sur le corps de la terre : j'aime cette comparaison. Ainsi, à ton premier aspect, un souffle prolongé de tristesse, qu'on croirait être le murmure de ta brise suave, passe, en laissant des ineffaçables traces, sur l'âme profondément ébranlée, et tu rappelles au souvenir de tes amants, sans qu'on s'en rende toujours compte, les rudes commencements de l'homme, où il fait connaissance avec la douleur, qui ne le quitte plus. Je te salue, vieil océan!

Vieil océan, ta forme harmonieusement sphérique, qui réjouit la face grave de la géométrie, ne me rappelle que trop les yeux de l'homme, pareils à ceux du sanglier pour la petitesse, et à ceux des oiseaux de nuit pour la perfection circulaire du contour. Cependant l'homme s'est cru beau dans tous les siècles. Moi, je suppose plutôt que l'homme ne croit à sa beauté que par amour-propre; mais, qu'il n'est pas beau réellement et qu'il s'en doute; car, pourquoi regarde-t-il la figure de son semblable, avec tant de mépris? Je te salue, vieil océan!

Vieil océan, tu es le symbole de l'identité : toujours égal à toi-même. Tu ne varies pas d'une manière essentielle, et si tes vagues sont quelque part en furie, plus loin, dans quelque autre zone, elles sont dans le calme le plus complet. Tu n'es pas comme l'homme, qui s'arrête dans la rue, pour voir deux bouledogues s'empoigner au cou, mais qui ne s'arrête pas, quand un enterrement passe; qui est ce matin accessible, et ce soir de mauvaise humeur; qui rit aujourd'hui et pleure demain. Je te salue, vieil océan! [...]

Vieil océan, ô grand célibataire, quand tu parcours la solitude solennelle de tes royaumes flegmatiques, tu t'enorgueillis à juste titre de ta magnificence native, et des éloges vrais que je m'empresse de te donner. Balancé voluptueusement par les molles effluves de ta lenteur majestueuse, qui est le plus grandiose parmi les attributs dont le souverain pouvoir t'a gratifié, tu déroules, au milieu d'un sombre mystère, sur toute la surface sublime, tes vagues incomparables, avec le sentiment calme de ta puissance éternelle. Elles se suivent parallèlement, séparées par de courts intervalles. A peine l'une diminue, qu'une autre va à sa rencontre en grandissant, accompagnées du bruit mélancolique de l'écume qui se fond, pour nous avertir que tout est écume. (Ainsi, les êtres humains, ces vagues vivantes, meurent l'un après l'autre, d'une manière monotone; mais sans laisser de bruit écumeux.) L'oiseau de passage se repose sur elles avec confiance, et se laisse abandonner à leurs mouvements, pleins d'une grâce fière, jusqu'à ce que les os de ses ailes aient recouvré leur vigueur accoutumée pour continuer leur pèlerinage aérien. Je voudrais que la majesté humaine ne fût que l'incarnation du reflet de la tienne. Je demande beaucoup, et ce souhait sincère est glorieux pour toi. Ta grandeur morale, image de l'infini, est immense comme la réflexion du philosophe, comme l'amour de la femme, comme la beauté divine de l'oiseau, comme les méditations du poète. Tu es plus beau que la nuit. Réponds-moi, océan, veux-tu être mon frère ? Remue-toi avec impétuosité... plus... plus encore, si tu veux que je te compare à la vengeance de Dieu ; allonge tes griffes livides en te frayant un chemin sur ton propre sein... C'est bien. Déroule tes vagues épouvantables, océan hideux, compris par moi seul, et devant lequel je tombe, prosterné à tes genoux. La majesté de l'homme est empruntée ; il ne m'imposera point ; toi, oui. Oh ! quand tu t'avances, la crête haute et terrible, entouré de tes replis tortueux comme d'une cour, magnétiseur et farouche, roulant tes ondes les unes sur les autres, avec la conscience de ce que tu es, pendant que tu pousses, des profondeurs de ta poitrine, comme accablé d'un remords intense que je ne puis pas découvrir, ce sourd mugissement perpétuel que les hommes redoutent tant, même quand ils te contemplent, en sûreté, tremblants sur le rivage, alors je vois qu'il ne m'appartient pas, le droit insigne de me dire ton égal. C'est pourquoi, en présence de ta supériorité, je te donnerais tout mon amour (et nul ne sait la quantité d'amour que contiennent mes aspirations vers le beau), si tu ne me faisais douloureusement penser à mes semblables, qui forment avec toi le plus ironique contraste, l'antithèse la plus bouffonne que l'on ait jamais vue dans la création : je ne puis pas t'aimer, je te déteste. Pourquoi reviens-je à toi, pour la millième fois, vers tes bras amis, qui s'entr'ouvrent, pour caresser mon front brûlant, qui voit disparaître la fièvre à leur contact ! Je ne connais pas ta destinée cachée ; tout ce qui te concerne m'intéresse. Dis-moi donc si tu es la demeure du prince des ténèbres. Dis-le moi... dis-le moi, océan (à moi seul, pour ne pas attrister ceux qui n'ont encore connu que les illusions), et si le souffle de Satan crée les tempêtes qui soulèvent tes eaux salées jusqu'aux nuages. Il faut que tu me le dises, parce que je me réjouirais de savoir l'enfer si près de l'homme. Je veux que celle-ci soit la dernière strophe de mon invocation. Par conséquent, une seule fois encore, je veux te saluer et te faire mes adieux ! Vieil océan, aux vagues de cristal... Mes yeux se mouillent de larmes abondantes, et je n'ai pas la force de poursuivre ; car, je sens que le moment est venu de revenir parmi les hommes, à l'aspect brutal ; mais... courage ! Faisons un grand effort, et accomplissons, avec le sentiment du devoir, notre destinée sur cette terre. Je te salue, vieil océan !

*Chants de Maldoror, Chant Premier*, 1868.

## 1.2. LA RÉVOLTE

Race stupide et idiote ! Tu te repentiras de te conduire ainsi. C'est moi qui te le dis. Tu t'en repentiras, va ! tu t'en repentiras. Ma poésie ne consistera qu'à attaquer, par tous les moyens, l'homme, cette bête fauve, et le Créateur qui n'aurait pas dû engendrer une pareille vermine. Les volumes s'entasseront sur les volumes, jusqu'à la fin de ma vie, et cependant l'on n'y verra que cette seule idée, toujours présente à ma conscience !

*Chants de Maldoror, Chant Deuxième*, 1868.

## 1.3. « UNE BEAUTÉ MAGIQUE »

Il vaut mieux croire que c'est une étoile elle-même qui est descendue de son orbite, en traversant l'espace, sur ce front majestueux, qu'elle entoure avec sa clarté de diamant, comme d'une auréole. La nuit, écartant du doigt sa tristesse, se revêt de tous ses charmes pour fêter le sommeil de cette incarnation de la pudeur, de cette image parfaite de l'innocence des anges : le bruissement des insectes est moins perceptible... Il rêve qu'il est heureux ; que sa nature corporelle a changé ; ou que, du moins, il s'est envolé sur un nuage pourpre, vers une autre sphère, habitée par des êtres de même nature que lui... Il rêve que les fleurs dansent autour de lui en rond, comme d'immenses guirlandes folles, et l'imprègnent de leurs parfums suaves, pendant qu'il chante un hymne d'amour entre les bras d'un être humain d'une beauté magique.

*Chants de Maldoror, Chant Deuxième*, 1868.

## 1.4. LE FANTASTIQUE

Ce fut d'abord une étude. J'écrivais des silences, des nuits, je notais l'inexprimable. Je fixais des vertiges...
Je m'habituai à l'hallucination simple : je voyais très franchement une mosquée à la place d'une usine, une école de tambours faite par des anges, des calèches sur les routes du ciel, un salon au fond d'un lac ; les monstres, les mystères ;

un titre de vaudeville dressait des épouvantes devant moi.
Puis j'expliquai mes sophismes magiques avec l'hallucination
des mots !

Je finis par trouver sacré le désordre de mon esprit. J'étais
oisif, en proie à une lourde fièvre : j'enviais la félicité des
bêtes, — les chenilles, qui représentent l'innocence des
limbes, les taupes, le sommeil de la virginité !

Arthur RIMBAUD, *Une Saison en Enfer, Délires,* 1873.

## 1.5. TRANSFIGURATION DE LA VILLE

Les magasins de la rue Vivienne étalent leurs richesses, aux
yeux émerveillés. Eclairés par de nombreux becs de gaz, les
coffrets d'acajou et les montres en or répandent à travers
les vitrines des gerbes de lumière éblouissante. Huit heures
ont sonné à l'horloge de la Bourse ; ce n'est pas tard ! A peine
le dernier coup de marteau s'est-il fait entendre, que la rue
dont le nom a été cité, se met à trembler, et secoue ses fonde-
ments depuis la place Royale jusqu'au boulevard Montmartre. Les promeneurs hâtent le pas, et se retirent pensifs
dans leurs maisons. Une femme s'évanouit et tombe sur
l'asphalte. Personne ne la relève : il tarde à chacun de
s'éloigner de ce parage. Les volets se referment avec impétuosité, et les habitants s'enfoncent dans leurs couvertures.
On dirait que la peste asiatique a révélé sa présence. Ainsi,
pendant que la plus grande partie de la ville se prépare à
nager dans les réjouissances des fêtes nocturnes, la rue
Vivienne se trouve subitement glacée par une sorte de pétri-
fication. Comme un cœur qui cesse d'aimer, elle a sa vie
éteinte. Mais, bientôt, la nouvelle du phénomène se répand
dans les autres couches de la population, et un silence
morne plane sur l'auguste capitale. Où sont-ils passés, les
becs de gaz ? Que sont-elles devenues les vendeuses d'amour ?
Rien... la solitude et l'obscurité ! Une chouette, volant dans
une direction rectiligne, et dont la patte est cassée, passe
au-dessus de la Madeleine, et prend son essor vers la barrière
du Trône, en s'écriant : « Un malheur se prépare. » Or, dans
cet endroit que ma plume (ce véritable ami qui me sert de
compère) vient de rendre mystérieux, si vous regardez du
côté par où la rue Colbert s'engage dans la rue Vivienne,
vous verrez, à l'angle formé par le croisement de ces deux
voies, un personnage montrer sa silhouette, et diriger sa
marche légère vers les boulevards ? Mais, si l'on s'approche
davantage, de manière à ne pas amener sur soi-même l'atten-
tion de ce passant, on s'aperçoit, avec un agréable étonne-
ment, qu'il est jeune ! De loin on l'aurait pris en effet pour
un homme mûr. La somme des jours ne compte plus, quand

il s'agit d'apprécier la qualité intellectuelle d'une figure sérieuse. Je me connais à lire l'âge dans les lignes physiogno-moniques du front : il a seize ans et quatre mois ! Il est beau comme la rétractilité des serres des oiseaux rapaces ; ou encore, comme l'incertitude des mouvements musculaires dans les plaies des parties molles de la région cervicale posté-rieure ; ou plutôt, comme ce piège à rats perpétuel, toujours retendu par l'animal pris, qui peut prendre seul des rongeurs indéfiniment, et fonctionner même caché sous la paille ; et surtout, comme la rencontre fortuite sur une table de dissec-tion d'une machine à coudre et d'un parapluie ! Mervyn, ce fils de la blonde Angleterre, vient de prendre chez son pro-fesseur une leçon d'escrime, et, enveloppé dans son tartan écossais, il retourne chez ses parents. C'est huit heures et demie, et il espère arriver chez lui à neuf heures : de sa part, c'est une grande présomption que de feindre d'être certain de connaître l'avenir. Quelque obstacle imprévu ne peut-il l'embarrasser dans sa route ? Et cette circonstance, serait-elle si peu fréquente, qu'il dût prendre sur lui de la considérer comme une exception ? Que ne considère-t-il plutôt, comme un fait anormal, la possibilité qu'il a eue jusqu'ici de se sen-tir dépourvu d'inquiétude et pour ainsi dire heureux ? De quel droit en effet prétendrait-il gagner indemne sa demeure, lorsque quelqu'un le guette et le suit par derrière comme sa future proie ?

*Chants de Maldoror, Chant Sixième*, 1868.

## 2. LA RÉVOLTE CRÉATRICE DE RIMBAUD

A GEORGES IZAMBARD
27, rue de l'Abbaye-des-Champs,
à Douai (Nord).

*Charleville, [13] mai 1871.*

Cher Monsieur !

Vous revoilà professeur. On se doit à la Société, m'avez-vous dit ; vous faites partie des corps enseignants : vous roulez dans la bonne ornière. — Moi aussi, je suis le principe : je me fais cyniquement *entretenir* ; je déterre d'anciens imbé-ciles de collège : tout ce que je puis inventer de bête, de sale, de mauvais, en action et en paroles, je le leur livre : on me paie en bocks et en filles. *Stat mater dolorosa, dum pendet filius.* — Je me dois à la Société, c'est juste ; — et j'ai raison. — Vous aussi, vous avez raison, pour aujourd'hui. Au fond, vous ne voyez en votre principe que poésie subjective : votre obstination à regagner le râtelier universitaire — pardon ! — le prouve. Mais vous finirez toujours comme un satisfait qui n'a rien fait, n'ayant rien voulu faire. Sans compter que votre poésie subjective sera toujours horriblement fadasse. Un jour, j'espère, — bien d'autres espèrent la même chose, — je verrai dans votre principe la poésie objective, je la verrai plus sincèrement que vous ne le feriez ! — Je serai un travailleur : c'est l'idée qui me retient quand les colères folles me poussent vers la bataille de Paris, — où tant de travailleurs meurent pourtant encore tandis que je vous écris ! Travailler maintenant, jamais, jamais ; je suis en grève.

Maintenant, je m'encrapule le plus possible. Pourquoi ? Je veux être poëte, et je travaille à me rendre *voyant :* vous ne comprendrez pas du tout, et je ne saurais presque vous expliquer. Il s'agit d'arriver à l'inconnu par le dérèglement de *tous les sens.* Les souffrances sont énormes, mais il faut être fort, être né poëte, et je me suis reconnu poëte. Ce n'est pas du tout ma faute. C'est faux de dire : Je pense. On devrait dire : On me pense. Pardon du jeu de mots.

JE est un autre. Tant pis pour le bois qui se trouve violon, et nargue aux inconscients, qui ergotent sur ce qu'ils ignorent tout à fait !

Vous n'êtes pas *enseignant* pour moi. Je vous donne ceci : est-ce de la satire, comme vous diriez ? Est-ce de la poésie ? C'est de la fantaisie, toujours. — Mais, je vous en supplie, ne soulignez ni du crayon, ni trop de la pensée :

### LE CŒUR SUPPLICIÉ

Mon  triste  cœur  bave  à  la  poupe
. . . . . . . . . . . . . . . . .

Ça ne veut pas rien dire.

RÉPONDEZ-MOI : chez M. Deverrière, pour A. R. Bonjour de cœur,

Arth. RIMBAUD.

## 3. SUR DEUX POÈMES

### 3.1. « LES CHERCHEUSES DE POUX »

Félicien Champsaur, dans son roman intitulé *Dinah Samuel* [p. 278-279], évoque ce poème ; Rimbaud y figure sous le nom d'Arthur Cimber ; la scène se passe au Rat-Mort.

« Saturnin Tavanal dont la taille atteint presque deux mètres, cita, parmi les génies qui ont été tués dans la lutte (et qui, par conséquent, ajouta Montclar, ne sont pas des génies), le poète Arthur Cimber. Avec ses larges omoplates et sa tête ronde à l'épaisse chevelure crépue, d'un beau noir, avec ses yeux doux un peu couverts, Tavanal a l'air d'un bon gros chien de Terreneuve. Il se trimballe dans Montmartre et y trouve sa nourriture. Un été, à Barbizon, il arrêta un cheval échappé, simplement en le prenant sous le bras, par l'encolure. Le cheval ruait sur place, en arrière, ne pouvant ni avancer ni reculer.

Au nom d'Arthur Cimber, Paul Albreux, le peintre impressionniste, déclare que Cimber est en effet le plus grand poète de la terre. Catulle Tendrès, parnassien toujours jeune, depuis très longtemps, aux cheveux toujours blonds comme les eaux du Tibre dans les strophes d'Horatius Flaccus, ricane dans sa barbe d'or. Paul Albreux, pour le faire juge, lui débite une pièce où Cimber montre des chercheuses de poux, deux sœurs nubiles, et nuance les langueurs du bébé :

> Il écoute chanter leurs haleines *plaintives*
> Qui *pleurent* de longs miels végétaux et rosés
> Et qu'interrompt parfois un sifflement, salives
> Reprises sur la lèvre *et* désirs de baisers.
>
> Il entend leurs cils noirs battant sous les silences
> Parfumés, et leurs doigts électriques et doux
> Font crépiter, parmi *les* grises indolences,
> Sous leurs ongles royaux, la mort des petits poux.

Albreux, s'abandonnant aux souvenirs provoqués par ces rimes raciniennes, de sa voix qui traîne marmotte une élégie :

— Qui de nous n'a éprouvé une indicible volupté à sentir des mains féminines caresser sa chevelure en promenant sur le crâne, en pattes d'araignées, les papilles délicates des bouts de doigts ? Je me rappelle encore l'engourdissement de ma tête qui s'affaissait dans le giron tiède de ma mère et mes envies exquises de m'endormir.

Catulle Tendrès applaudit cette poésie, et le commentateur. Il remarque, ensuite, que, pour aimer les vers, il faut aimer même les mauvais. Serge de Laty s'emporte :

— Mauvais, les vers de Cimber ? Pas du tout. Est-ce que nous, les artistes de Montmartre, nous nous serions cotisés, comme nous l'avons fait, pour lui servir une rente de trois francs par jour, si ce n'avait été pour lui permettre de composer ses poésies sublimes ! Il ne travaillait pas beaucoup, car les labeurs éloignent les songes ; mais, quand il a travaillé, l'œuvre est épatante. Un matin de printemps, il débarqua chez Max, à qui il dégoisa qu'il arrivait à pied de sa province, afin d'être poète à Paris. Albert Max l'entretint huit jours. Vous savez comment ce salaud dit la chose :

« J'ouvre ma porte. Il y avait quelqu'un qui cirait mes bottes. C'était Arthur Cimber, un poète. Depuis, je l'ai gardé. Malheureusement, cet animal avait du penchant pour le vol et pour un de nos camarades. Saturnin Tavanal le pinça en train de chiper de l'argent dans un atelier et le saisit au collet pour lui administrer une rossée. Mais Cimber se débarrassa de la poignée, et, se campant, les mains dans les poches, petit et dédaigneux devant Tavanal, le géant, qui l'aurait écrasé comme une punaise, dit tranquillement, ce gringalet, qu'il ne se battait pas avec les chevaux. Est-ce exact, Saturnin ?

Serge de Laty passa la main sur sa barbe flave, pour la tirer en pointe, et, le gaviot à sec, but un bock. Albreux enfourchait le dada de l'impressionnisme... »

## 3.2. « LES VOYELLES »

Dans *les Nouvelles littéraires* du 2 septembre 1933 [ⓒ], Lucien Sausy donne cette interprétation du sonnet :

« Pour ma part, la substitution de *rais* à *rois* (qu'impose le manuscrit, car il laisse distinctement apercevoir dans le mot un *a* et non un *o*) a pris à mes yeux la valeur d'une révélation.

L'E s'est inscrit dans mes prunelles, de façon telle que les trois barres se présentaient non plus horizontalement mais verticalement ; elles semblaient ainsi dresser dans la lumière des *lances de glaçons fiers,* et des rais blancs. Il m'est apparu alors que l'I n'était pas considéré davantage par Rimbaud dans sa station habituelle ; qu'au lieu de le voir verticalement, il l'envisageait comme une ligne oblique, un jet de sang qui va de la bouche au sol, puis comme l'horizontale des lèvres distendues par le rire « dans la colère ou les ivresses pénitentes ». Si l'on rapproche des *lances de glaçons fiers* et des *rais blancs* les *frissons d'ombelles,* l'intention de Rimbaud d'expliquer les *naissances latentes* des voyelles par des signes et surtout par des mouvements que l'œil essaie de saisir et de fixer, semble manifeste. L'U lui apparaît dans une série de cycles, c'est-à-dire de périodes régulières, de vibrements des mers (nous dirions dans une succession de vagues qui se creusent et s'écrêtent et se reproduisent indéfiniment) ; puis il s'immobilise dans la paix des *pâtis semés d'animaux,* soit que l'auteur se représente le pâtis sous la forme d'un terrain encaissé, soit qu'il imagine un pâturage limité par une clôture ; enfin, dans la paix des rides qui sillonnent les fronts des penseurs. L'O, c'est le pavillon du clairon, et la prunelle de l'œil. Reste l'A, plus difficile à concevoir, mais qui s'explique si l'on considère un vol de *mouches éclatantes,* c'est-à-dire d'un bleu sombre, au *noir corset* velu, qui tourbillonnent autour d'une charogne. L'ensemble de la mouche, sinon le corset forme un A. Pour le poète, une mouche, c'est un A qui vole.

La question des couleurs n'est plus qu'une question de transposition ou plus exactement d'association de sensations. Pour Rimbaud l'A est le noir, à cause de ces mouches décrites par Barbusse dans *L'Enfer*, qui voltigent autour des mourants et des cadavres, qui évoquent la sombre mort et les golfes d'ombre (sortes de V renversés, donc A encore) où s'enfoncent sans issue possible ceux qui trépassent. L'E est le blanc, parce que, à l'image des glaçons dressés qui le figurent, s'associe directement la blancheur, blancheur roide, enveloppée de blancheurs frissonnantes. L'I est le rouge, rouge du sang craché, rouge des lèvres. L'U est essentiellement le vert des eaux de la mer, puis le vert des prairies où paissent les animaux, puis le vert des fronts livides. L'O est le bleu des espaces célestes évoqués par le clairon ou plutôt par la trompette du jugement dernier aux strideurs étranges, espaces où se meuvent les Mondes et les Anges ; et c'est le bleu violet des yeux énigmatiques de la femme.

De grandes idées s'associent à ces images. L'A symbolise la mort et les espoirs défunts. L'E les élans vers les sommets, vers la lumière, les tentatives d'action de ceux qui campent sous la tente, de même que les rêveries vaporeuses. L'I les passions farouches, la colère et les ivresses goûtées, jusqu'au regret ; l'U l'expression de la pensée, vaste et mobile comme la mer, ou la paix des songeries lentement ruminées, la sérénité des fronts studieux. L'O l'appel vers l'infini, les espaces où naissent les Mondes, où palpitent les Anges, l'Oméga, la fin des fins, énigme sans cesse proposée à l'homme, comme le mystère de la femme aux yeux insondables, plus mystérieux encore que les régions métaphysiques. »

## 4. D'AUTRES ASPECTS DE RIMBAUD

### 4.1. EXTRAITS DE L'*ALBUM ZUTIQUE*

XLIX

*COCHER IVRE*

POUACRE
Boit :
Nacre
Voit :

Acre
Loi,
Fiacre
Choit !

Femme
Tombe,
Lombe

Saigne :
Geigne.
Clame !

## LI

### *PARIS*

Al. Godillot, Gambier,
Galopeau, Wolf-Pleyel,
— O Robinets ! — Menier,
— O Christs ! — Leperdriel !

Kinck, Jacob, Bonbonnel !
Veuillot, Tropmann, Augier !
Gill, Mendès, Manuel,
Guido Gonin ! — Panier

Des Grâces ! L'Hérissé !
Cirages onctueux !
Pains vieux, spiritueux !

Aveugles ! — puis, qui sait ? —
Sergents de ville, Enghiens
Chez soi ! — Soyons chrétiens !

**A. R.**

## LII

### *VIEUX DE LA VIEILLE*

Aux paysans de l'empereur !
A l'empereur des paysans !
Au fils de Mars,
Au glorieux 18 mars !
Où le ciel d'Eugénie a béni les entrailles !

## LIII

### *LES LÈVRES CLOSES*
### *VU A ROME*

Il est à Rome, à la Sixtine,
Couverte d'emblèmes chrétiens,

Une cassette écarlatine
Où sèchent des nez fort anciens :

Nez d'ascètes de Thébaïde,
Nez de chanoines du Saint-Graal
Où se figea la nuit livide,
Et l'ancien piain-chant sépulcral.

Dans leur sécheresse mystique,
Tous les matins, on introduit
De l'immondice schismatique
Qu'en poudre fine on a réduit.

**LÉON DIERX.**
A. R.

# LIV

## *FÊTE GALANTE*

Rêveur, Scapin
Gratte un lapin
Sous sa capote.

Colombina
— Que l'on pina ! —
— Do, mi, — tapote

L'œil du lapin
Qui tôt, tapin,
Est en ribote.

**PAUL VERLAINE.**
A. R.

# LV

## *L'ANGELOT MAUDIT*

Toits bleuâtres et portes blanches
Comme en de nocturnes dimanches,

Au bout de la ville, sans bruit
La rue est blanche, et c'est la nuit.

La rue a des maisons étranges
Avec des persiennes d'anges.

Mais, vers une borne, voici
Accourir, mauvais et transi,

Un noir angelot qui titube,
Ayant trop mangé de jujube.

Il fait caca : puis disparaît :
Mais son caca maudit paraît,

Sous la lune sainte qui vaque,
De sang sale un léger cloaque.

LOUIS RATISBONNE.
A. RIMBAUD.

## LVI

### *LYS*

O balançoire ! O lys, Clysopompes d'argent !
Dédaigneux des travaux, dédaigneux des famines !
L'aurore vous emplit d'un amour détergent !
Une douceur de ciel beurre vos étamines !

ARMAND SILVESTRE.
A. R.

## LVII

L'Humanité chaussait le vaste enfant Progrès.

LOUIS-XAVIER DE RICARD.
ARTHUR RIMBAUD.

## VIEUX COPPÉES

### LIX

Les soirs d'été, sous l'œil ardent des devantures,
Quand la sève frémit sous les grilles obscures
Irradiant au pied des grêles marronniers,
Hors de ces groupes noirs, joyeux ou casaniers,
Suceurs de brûle-gueule ou baiseurs du cigare,
Dans le kiosque mi-pierre étroit où je m'égare,
— Tandis qu'en haut rougeoie une annonce d'*Ibled*, —
Je songe que l'hiver figera le Tibet
D'eau propre qui bruit, apaisant l'onde humaine,
— Et que l'âpre aquilon n'épargne aucune veine.

FRANÇOIS COPPÉE.
A. RIMBAUD.

## LX

Aux livres de chevet, livres de l'art serein,
Obermann et Genlis, *Vert-vert* et le *Lutrin,*
Blasé de nouveauté grisâtre et saugrenue,
J'espère, la vieillesse étant enfin venue,
Ajouter le traité du Docteur Venetti.
Je saurai, revenu du public abêti,
Goûter le charme ancien des dessins nécessaires.
Ecrivain et graveur ont doré les misères
Sexuelles, et c'est, n'est-ce pas, cordial :
D$^r$ VENETTI, *Traité de l'Amour conjugal.*

F. COPPÉE.
A. R.


## LXI

J'occupais un wagon de troisième : un vieux prêtre
Sortit un brûle-gueule et mit à la fenêtre,
Vers les brises, son front très calme aux poils pâlis.
Puis ce chrétien, bravant les brocards impolis,
S'étant tourné, me fit la demande énergique
Et triste en même temps d'une petite chique
De caporal, — ayant été l'aumônier-chef
D'un rejeton royal condamné derechef —
Pour malaxer l'ennui d'un tunnel, sombre veine
Qui s'offre aux voyageurs, près Soissons, ville d'Aisne.


## LXII

Je préfère sans doute, au printemps, la guinguette
Où des marronniers nains bourgeonne la baguette,
Vers la prairie étroite et communale, au mois
De mai. Des jeunes chiens rabroués bien des fois
Viennent près des Buveurs triturer des jacinthes
De plate bande. Et c'est, jusqu'aux soirs d'hyacinthe,
Sur la table d'ardoise où, l'an dix-sept cent vingt,
Un diacre grava son sobriquet latin
Maigre comme une prose à des vitraux d'église,
La toux des flacons noirs qui jamais ne les grise.

FRANÇOIS COPPÉE.
A. R.

## LXIII

### *ÉTAT DE SIÈGE?*

Le pauvre postillon, sous le dais de fer blanc,
Chauffant une engelure énorme sous son gant,
Suit son lourd omnibus parmi la rive gauche,
Et de son aine en flamme écarte la sacoche.
Et, tandis que, douce ombre où des gendarmes sont,
L'honnête intérieur regarde au ciel profond
La lune se bercer parmi sa verte ouate,
Malgré l'édit et l'heure encore délicate,
Et que l'omnibus rentre à l'Odéon, impur
Le débauché glapit au carrefour obscur!

FRANÇOIS COPPÉE.
A. R.

## LXIV

### *RESSOUVENIR*

Cette année où naquit le Prince impérial
Me laisse un souvenir largement cordial
D'un Paris limpide où des N d'or et de neige
Aux grilles du palais, aux gradins du manège,
Eclatent, tricolorement enrubannés.
Dans le remous public des grands chapeaux fanés,
Des chauds gilets à fleurs, des vieilles redingotes,
Et des chants d'ouvriers anciens dans les gargotes,
Sur des châles jonchés l'Empereur marche, noir
Et propre, avec la Sainte Espagnole, le soir.

FRANÇOIS COPPÉE.

## LXV

L'enfant qui ramassa les balles, le Pubère
Où circule le sang de l'exil et d'un Père
Illustre entend germer sa vie avec l'espoir
De sa figure et de sa stature et veut voir
Des rideaux autres que ceux du Trône et des Crèches.
Aussi son buste exquis n'aspire pas aux brèches
De l'Avenir! — Il a laissé l'ancien jouet. —
O son doux rêve! O son bel Enghien*! Son œil est

Approfondi par quelque immense solitude;
« Pauvre jeune homme, il a sans doute l'Habitude! »

FRANÇOIS COPPÉE.

\* *Parce que « Enghien chez soi ».*

## 4.2. *LA LETTRE DU BARON PETDECHÈVRE À SON SECRÉTAIRE AU CHÂTEAU DE SAINT-MAGLOIRE*

*Versailles, 9 septembre 1871.*

La France est sauvée, mon cher Anatole, et vous avez bien raison de dire que j'y ai grandement contribué. Mon discours — je devrais dire *notre* discours — n'a pu trouver place dans la fameuse discussion, mais j'en ai prononcé dans le couloir, au milieu de nos amis, l'entraînante péroraison. Ils hésitaient... ils ont voté. *Veni, vidi, vici!* J'ai compris cette fois l'influence que je puis exercer un jour sur certains groupes parlementaires.

Du reste, j'en avais eu le pressentiment, à mon dernier congé, lorsque ma blonde et intelligente Sidonie, assistant à notre répétition, s'écria : « Papa ! tu me fais je ne sais quoi quand tu te prends au sérieux ! »

Tu me fais je ne sais quoi !... O adorable aveu ! Je portais dans ce jeune cœur le trouble de l'éloquence, et ce trouble est le précurseur de la persuasion. (Répétez ma phrase au curé, en faisant le mistigri.)

Donc la France est sauvée, la noblesse est sauvée, la religion est sauvée, *nous sommes constituants !*

Quand constituerons-nous ? Quand il nous plaira, messieurs. — Et monsieur Thiers ? me direz-vous. — Monsieur Thiers ! peuh ! que serait-il sans nous ? Aussi s'est-il rallié à notre proposition, donnant le bout de ses doigts à baiser aux républicains, et nous prenant le cou pour nous dire à l'oreille : « Patience ! vous serez rois ! » — Et la gauche ? — La gauche !... qu'est-ce que c'est que ça, la gauche ? Voyons, Anatole, si ça ne se croyait pas constituant, est-ce que ça resterait avec les constituants ? On se fait de fausses idées de ces gens-là.

Ils sont en somme beaucoup plus accommodants qu'on ne pense. Les vieux se convertissent et se frappent la poitrine à la tribune et à la Cour d'assises ; ils ont la manie des confessions publiques qui discréditent le pénitent et peuvent déconsidérer le parti. Les jeunes ont de l'ambition et se tiennent prêts à tout événement. Il y a bien quelques braillards qui soulèvent de ridicules tempêtes autour de la tribune, mais c'est nous qui brandissons les tonnerres, et les braillards qui voudront lutter jusqu'au bout mourront de phtisie laryngée.

Il faut que nous nous reposions maintenant ; nous l'avons bien gagné, ce repos qu'on veut nous mesurer parcimonieusement. Nous avons réorganisé une armée, bombardé Paris, écrasé l'insurrection, fusillé les insurgés, jugé leurs chefs, établi le pouvoir constituant, berné la République, préparé un ministère monarchiste et fait quelques lois qu'on refera tôt ou tard. — Ce n'était pas pour faire des lois que nous étions venus à Versailles ! On est homme, Anatole, avant d'être législateur. On n'a pas fait ses foins, on veut faire au moins ses vendanges.

Vous êtes heureux, vous ! Ces dames vous réclamaient, vous êtes parti sans tambour ni trompette, me laissant deux discours à apprendre et des interruptions à répéter. Vous avez ouvert la chasse, vous avez pêché ; vous m'avez envoyé des cailles et des truites ; nous les avons mangées ; c'est bien. Après !...

Ah ! comme j'ai planté là les discours et les interruptions, pour demander un congé.

— C'est le cent trente-septième que j'inscris cette semaine, m'a dit le président.

J'étais vexé. Ce M. Target m'a décidé à attendre. Ah ! le charmant homme, et comme il comprend les aspirations de l'Assemblée !

... Anatole, je vous envoie sa photographie, pour l'album de Sidonie. Faites-le mettre en bonne place, entre le général du Temple et M. de Bel-Castel, qui m'honorent de leurs confidences.

Nous partirons vers la fin du mois ; il y a encore de beaux jours en octobre : vous savez, ces beaux soleils qui percent la brume et dissipent... dissipent... Vous me comprenez ! Je ne suis pas poète, moi ; je suis orateur !

*<br>* *

On a pris patience, à la Chambre, jusqu'à cette heure, grâce aux conseils de guerre et à la proposition Ravinel.

Oh ! conseils de guerre !... Tenez, nous sommes aux anges, mon cher. L'opinion des honnêtes gens a profondément ému ces braves juges militaires, un moment fourvoyés dans les sentiers tortueux de la clémence et de la pitié. Les voilà dans le bon chemin, dans le droit chemin, justes cette fois, mais surtout sévères. Avez-vous vu comme ils ont condamné Pipe-en-Bois ?... Nous avons notre revanche, citoyens de la Commune !

Et puis, je ne vous le cache pas, Anatole, il fallait un exemple. Il ne sera pas dit qu'on aura pu être impunément avec Gambetta !

Gambetta !... Tenez, je pense quelquefois que Sidonie en a

raffolé trois semaines et cela trouble mes nuits... Dites lui que je lui pardonne. Elle verra à la rentrée comme je montre le poing, sous la tribune, quand nous nous réunissons entre amis, pour maudire le dictateur.

Ah! il n'a pas osé placer son mot dans la question Ravinel. Entre nous, Anatole, je crois que je lui fais peur. Il demandait, l'autre jour, dans le parc, sans me montrer du doigt, bien entendu : « Quel est donc ce Brésilien? » Sidonie prétend que je me teins un peu trop; mais puisque ça me donne l'air farouche!...

N'importe, j'ai eu beau montrer le poing à la gauche, nous n'avons pas pu enlever cette affaire Ravinel. Nous restons à Versailles, indéfiniment, mais les services publics ne viennent pas s'y établir.

Après?... Qu'est-ce que ça me fait? J'aime ce provisoire, moi. Versailles est un faubourg de Paris et pourtant ce n'est plus Paris. Tout est là. Etre et ne pas être à Paris.

Si l'on nous eût proposé Nantes ou Lyon, ou Bordeaux, nous aurions nettement refusé. Ce sont des villes révolutionnaires d'abord; la garde nationale n'y est pas encore dissoute et les conseillers municipaux y sont outrageusement républicains. Ah! mon pauvre ami, on n'est plus en sûreté nulle part en province. Peut-être cependant qu'à Saint-Magloire!... Ça, c'est une idée; vous me présenterez un projet d'amendement à la rentrée.

Mais en principe, voyez-vous, ne me parlez pas de siéger à cinquante ou deux cents lieues de Paris. A Bordeaux, c'était bon après la guerre. On était près de Libourne et d'Arcachon. Nous avions besoin d'air pur après tant d'émotions et Paris ne pouvait nous donner cet air pur. Quelques milliers d'imbéciles s'étaient fait tuer bêtement dans la banlieue malgré le général Trochu; dans la ville il était mort cinq mille sept cents personnes en huit jours, pauvres victimes d'une stupide obstination... Maintenant, c'est autre chose et me voilà mi-partie Parisien. Que le président ait ou n'ait pas dit : « Messieurs, la séance est levée! » je prends le train de cinq heures et demie. C'est charmant, par la rive gauche. Et puis, quelles rencontres en chemin de fer! Vous aimiez l'imprévu, vous aussi, Anatole!

A sept heures, je dîne au Café d'Orsay, ou chez Ledoyen. A huit heures, je ne suis plus député, je ne suis plus baron, si je veux, je ne suis plus Petdechèvre, je suis un noble étranger perdu dans Paris.

Anatole, cette lettre est une lettre politique, lettre close à la baronne et à Sidonie! Mais si jamais vous êtes député, rappelez-vous que le bonheur et la vérité sont dans les moyens termes. Le jour à Versailles, la nuit à Paris : c'est la seule solution satisfaisante de la grande question Ravinel.

*Jehan-Godefroid-Adalbert-Carolus-Adamastor*
baron de PETDECHÈVRE.

*Pour copie plus ou moins conforme :*

JEAN MARCEL.

P. S. — Eh bien ! eh bien ! j'en apprends de belles par le dernier courrier ! Qui donc a révolutionné Saint-Magloire ! Sur 287 électeurs, 233 ont pétitionné pour la dissolution !... Anatole, je vais demander un congé !... Mais du moins, peut-on se risquer là-bas ?

### 4.3. *LES DÉSERTS DE L'AMOUR* (fragments)

#### I

Cette fois, c'est la Femme que j'ai vue dans la Ville, et à qui j'ai parlé et qui me parle.

J'étais dans une chambre, sans lumière. On vint me dire qu'elle était chez moi : et je la vis dans mon lit, toute à moi, sans lumière ! Je fus très-ému, et beaucoup parce que c'était la maison de famille : aussi une détresse me prit ! J'étais en haillons, moi, et elle, mondaine qui se donnait : il lui fallait s'en aller ! Une détresse sans nom : je la pris, et la laissai tomber hors du lit, presque nue ; et, dans ma faiblesse indicible, je tombai sur elle et me traînai avec elle parmi les tapis, sans lumière ! La lampe de la famille rougissait l'une après l'autre les chambres voisines. Alors, la femme disparut. Je versai plus de larmes que Dieu n'en a jamais pu demander.

Je sortis dans la ville sans fin. O fatigue ! Noyé dans la nuit sourde et dans la fuite du bonheur. C'était comme une nuit d'hiver, avec une neige pour étouffer le monde décidément. Les amis, auxquels je criais : où reste-t-elle ? répondaient faussement. Je fus devant les vitrages de là où elle va tous les soirs : je courais dans un jardin enseveli. On m'a repoussé. Je pleurais énormément, à tout cela. Enfin, je suis descendu dans un lieu plein de poussière, et, assis sur des charpentes, j'ai laissé finir toutes les larmes de mon corps avec cette nuit. — Et mon épuisement me revenait pourtant toujours.

J'ai compris qu'Elle était à sa vie de tous les jours ; et que le tour de bonté serait plus long à se reproduire qu'une étoile. Elle n'est pas revenue, et ne reviendra jamais, l'Adorable qui s'était rendue chez moi, — ce que je n'aurais jamais présumé. Vrai, cette fois j'ai pleuré plus que tous les enfants du monde.

## II

C'est, certes, la même campagne. La même maison rustique de mes parents : la salle même où les dessus de portes sont des bergeries roussies, avec des armes et des lions. Au dîner, il y a un salon avec des bougies et des vins et des boiseries antiques. La table à manger est très grande. Les servantes ! elles étaient plusieurs, autant que je m'en suis souvenu. — Il y avait là un de mes jeunes amis anciens, prêtre et vêtu en prêtre ; maintenant : c'était pour être plus libre. Je me souviens de sa chambre de pourpre, à vitres de papier jaune ; et ses livres, cachés, qui avaient trempé dans l'océan !

Moi, j'étais abandonné, dans cette maison de campagne sans fin : lisant dans la cuisine, séchant la boue de mes habits devant les hôtes, aux conversations du salon : ému jusqu'à la mort par le murmure du lait du matin et de la nuit du siècle dernier.

J'étais dans une chambre très sombre : que faisais-je ? Une servante vint près de moi : je puis dire que c'était un petit chien : quoiqu'elle fût belle, et d'une noblesse maternelle inexprimable pour moi : pure, connue, toute charmante ! Elle me pinça le bras.
Je ne me rappelle même plus bien sa figure : ce n'est pas pour me rappeler son bras, dont je roulai la peau dans mes deux doigts ; ni sa bouche, que la mienne saisit comme une petite vague désespérée, minant sans fin quelque chose. Je la renversai dans une corbeille de coussins et de toiles de navire, en un coin noir. Je ne me rappelle plus que son pantalon à dentelles blanches.
Puis, ô désespoir ! la cloison devint vaguement l'ombre des arbres, et je me suis abîmé sous la tristesse amoureuse de la nuit.

# 5. BROUILLONS D'UNE *SAISON EN ENFER*

## MAUVAIS SANG

Oui, c'est un vice que j'ai, qui s'arrête et qui reprend avec moi, et ma poitrine ouverte, je verrais un horrible cœur infirme. Dans mon enfance, j'entends les racines de souffrance jetée[1] à mon flanc : aujourd'hui elle a poussé au ciel,

---

1. On peut hésiter entre *jetée* et *jetées*, mais la première de ces lectures est plus probable (note de H. de Bouillane de Lacoste).

elle est bien plus forte que moi, elle me bat, me traîne, me jette à terre.

C'est dit. — Donc renier la joie, éviter le devoir, ne pas jouer (?) au monde mon (?) et mes trahisons supérieurs (?) la dernière innocence, la dernière timidité.

Allons, la marche, — le désert, le fardeau, les coups, le malheur, l'ennui, la colère, — l'enfer, la science et les délices de l'esprit (?) disperse.

A quel démon me louer ? Quelle bête faut-il adorer ? dans quel sang faut-il marcher ? Quels cris faut-il pousser ? Quel mensonge faut-il soutenir ? Quelle sainte image faut-il attaquer ? Quels cœurs faut-il briser ?

Plutôt, éviter la [main brut] stupide justice de la mort, j'entendrais les complaintes chantées (?) [dans les] aux marchés. Point de popularité.

la dure vie, l'abrutissement pur, — et puis soulever d'un poing séché le couvercle du cercueil, s'asseoir et s'étouffer. [Je ne vieillirai pas] Pas de vieillesse. Point de dangers, la terreur n'est pas française.

Ah ! Je suis tellement délaissé, que j'offre à n'importe quelle divine image des élans vers la perfection. Autre marché grotesque.

[A quoi servent] O mon abnégation, ô ma charité inouïes, [mon] De profundis, domine ! [que] je suis bête ?

Assez. Voici la punition ! Plus à parler d'innocence. En marche. Oh ! les reins se déplantent, le cœur gronde, la poitrine brûle, la tête est battue, la nuit roule dans les yeux, au soleil.

[Sais-je où je vais] Où va-t-on ? A la bataille ?

Ah ! mon ami, ma sale jeunesse ! Va... les autres avancent [remuent] les outils les armes.

Oh ! oh. C'est la faiblesse, c'est la bêtise, moi !

Allons, feu sur moi. Ou je me rends ! [Le bat] blessé, je me jette à plat ventre, foulé aux pieds des chevaux.

Ah !

Je m'y habituerai.

Ah ça, je mènerais la vie française, et je suivrais le sentier de l'honneur.

## FAUSSE CONVERSION

Jour de malheur ! J'ai avalé un fameux [verre] gorgée de poison. La rage du désespoir m'emporte contre tout la nature les objets, moi, que je veux déchirer. Trois fois béni soit le conseil qui m'est arrivé. [M] Les entrailles me brûlent la violence du venin tord mes membres, me rend difforme. Je meurs de soif. J'étouffe. Je ne puis crier. C'est l'enfer l'éternité de la peine. Voilà comme le feu se relève. Va, démon, va, diable, va Satan attise-le. Je brûle [bien] comme il faut, c'est un bon (bel et bon) enfer.

J'avais entrevu [le salut] la conversion, le bien, le bonheur, le salut. Puis-je décrire la vision, on n'est pas poète [dans] en enfer.

[Dès que] C'était [l'apparition] des milliers de [d'Apsaras[2] ?] charmantes, un admirable concert spirituel, la force et la paix, les nobles ambitions, que sais-je !

Ah : les nobles ambitions ! ma haine. [R] Je recommence l'existence enragée, la colère dans le sang, la vie bestiale, l'abêtissement, le [malheur... mon malh et les malheurs des autres] qui m'importe peu et c'est encore la vie ! Si la damnation est éternelle. C'est [encore] [la vie encore]. C'est l'exécution des lois religieuses pourquoi a-t-on semé une foi pareille dans mon esprit. [On a] [Les] Mes parents ont fait mon malheur, et le leur, ce qui m'importe peu. On a abusé de mon innocence. Oh ! l'idée du baptême. Il y en a qui ont vécu mal, qui vivent mal, ne sentent rien ! C'est [le] mon baptême, [c] et [l] ma faiblesse dont je suis esclave. C'est la vie encore !

Plus tard, les délices de la damnation seront plus profondes. Je reconnais bien la damnation. [Quand] Un homme qui veut se mutiler est bien damné, n'est-ce pas. Je me crois en enfer, donc j'y suis. — Un crime, vite, que je tombe au néant, par la loi des hommes.

Tais-toi. Mais tais-toi ! C'est la honte et le reproche, [qui] à côté de moi ; c'est Satan qui me dit que son feu est ignoble, idiot ; et que ma colère est affreusement laide. Assez. Tais-toi ! ce sont des erreurs qu'on me souffle à l'oreille, [la] les magies, [l'] les alchimies, les mysticismes, les parfums [fleuris[3] ?] faux, les musiques naïves [les]. C'est Satan qui se charge de cela. Alors les poètes sont damnés. Non ce n'est pas cela.

Et dire que je tiens la vérité. Que j'ai un jugement sain et arrêté sur toute chose, que je suis tout prêt pour la perfection. [Tais-toi, c'est] l'orgueil ! à présent. Je ne suis qu'un bonhomme en bois, la peau de ma tête se dessèche. [Et] O Dieu ! mon Dieu ! mon Dieu. J'ai peur, pitié. Ah ! j'ai soif. O mon enfance, mon village, les prés, le lac sur la grève le clair de lune quand le clocher sonnait douze. [Satan a ri[4]] Et c'est au clocher. — Que je deviens bête. O Marie, Sainte Vierge, faux sentiment, fausse prière.

---

**2.** Mot illisible que Bouillane de Lacoste lit *Apsaras* (édition critique d'*Une saison en enfer*, p. 24). Cazals lisait *épouses* ; **3.** *faux* est surchargé par un autre adjectif, que Bouillane de Lacoste lit *fleuris* ; **4.** *Satan a ri*, plus probable, dit Bouillane de Lacoste, que *Satan a vu*.

## ALCHIMIE DU VERBE

Enfin mon esprit devin ..............................
de Londres ou de Pékin, ou Ber .......................
qui [disparaissent je plaisante sur] ..................
de réjouissance populaire. [Voilà] ...................
les [petits] fournaises (*mot illisible*) ...................
J'aurais voulu le désert crayeux de...

J'adorai les boissons tiédies, les boutiques fanées, les vergers
brûlés. Je restais de longues heures la langue pendante,
comme les bêtes harassées : je me traînais dans les ruelles
puantes, et, les yeux fermés, je [priais le] m'offrais au soleil,
Dieu de feu, qu'il me renversât, [et,] Général, roi, disais-je,
si tu as encore un vieux canon (*sic*) sur tes remparts qui
dégringolent, bombarde les hommes avec des mo[nceau]ttes
de terre sèche. Aux glaces des magasins splendides ! Dans les
salons frais ! Que les [araignées] [A la ] (*mot illisible*) manger
sa poussière à la ville ! Oxyde des gargouilles. A l'heure
exacte après boudoirs [du] brules sable de rubis les
[Je portais des vêtements de toile]. Je me (*illisible*) j'allais
cassais (*sic*) des pierres sur des routes balayées toujours. Le
soleil souverain [descendait] donnait vers [la] une merde,
dans la vallée de la (*illisible*), son moucheron enivré au
centre
à la pissotière de l'auberge isolée, amoureux de la

                                        bourrache

      et dissous              au soleil
et

      qui va se fondre en un rayon

### FAIM *

J'ai réfléchis (*sic*) aux (*sic*) bonheur des bêtes ; les chenilles
étaient les foule (*sic*) (*illisible*) [petits corps blancs] innocen
des limbes : [l'araignée romantique faisait l'ombre] romantique envahie par l'aube opale ; la punaise brune personne,
attendait (*illisible*) passionné. Heureuse le somm sommeil de
la taupe,
toute la Virginité !
Je m'éloignais [du contact] Étonnante virginité
  l'écrire
d       , avec une espèce de romance.
  essay

        * Chanson de la plus haute tour.

Je (*illisible*) raison
Je crus avoir trouvé   et bonheur. J'écartais le ciel, l'azur,

qui est du noir, et je vivais, étincelle d'or de la lumière *nature*. C'était très sérieux. J'exprimai, [le plus] bêtement

## * ÉTERNITÉ.

[Et pour comble] De joie, je devins un opéra fabuleux.

## * AGE D'OR.

A cette [période c'était] c'était ma vie éternelle, non écrite, non chantée, — quelque chose comme la Providence les lois du monde un

à laquelle on croit et qui ne chante pas.

Après ces nobles minutes, [vint] stupidité complète. Je [m]vis une fatalité de bonheur dans tous les êtres : l'action n'était pas la vie mauvaise (?) instinctive de

qu'une façon de

gâcher une insatiété de vie[5] : [seulement, moi je laissai la sachant], au hasard sinistre et doux, [un] énervement, [déviation] errement. Le (*illisible*) était la faiblesse et la cervelle (?)

. . . . . . . . . . êtres et toutes choses m'apparaissaient

. . . . . . . . . . d'autres vies autour d'elles. Ce monsieur

. . . . . . . . . . un ange. Cette famille n'est pas

. . . . . . . . . . (*mot raturé*) Avec plusieurs hommes

. . . . . . . . . . moments d'une de leurs autres vies.

. . . . . . . . . . [histoire] plus de principes. Pas un des sophismes qui... la folie enfermée.

Je pourrais les redire tous et d'autres

et bien d'autres, et d'autres je sais le système.

Je n'éprouvais plus rien. Les [hallucinations étaient

e voudrais

tourbillonnaient trop]. Mais maintenant je n

essaierais

pas de me faire écouter.

je crus

Un mois de cet exercice. [s'ébranla] fut menacée.

Ma santé

J'avais bien autre chose à faire que de vivre. Les hallucinations étaient plus vives [plus épouvantes (*sic*)] la terreur [plus] venait ! Je faisais des sommeils de plusieurs jours, et,

tristes les égarés

levé, continuais les rêves les plus partout.

---

**5.** Bouillane de Lacoste lit *instinctive* et *insatiété* (Berrichon : *démonstrative* et *activité*).

* Mémoire.

Je me trouvais mûr pour [la mort] le trépas et ma faiblesse
me tirait jusqu'aux confins du monde et de la vie [où le
tourbillon] dans la Cimmérie noire, patrie des morts, où un
grand       a pris une route de dangers laissé presque
toute l' (*illisible*) [aux] chez une sur emb...tion épouvantes
    * Confins du monde[6].

Je voyageai un peu. J'allai au Nord : je [rappelai
au] Je   fermai mon cerveau   toutes mes odeurs féodales,
      voulus reconnaître la
bergères, sources sauvages. J'aimais la mer [bonhomme le
sol et les principes] [l'anneau magique dans l'eau lumineuse]
[éclairée] comme si elle dût me laver d'un [me laver de ces
aberrations] souillures. Je voyais la croix consolante. J'avais
                               bes
été damné par l'arc-en-ciel et les       religieuses ; et par
                              magies
le Bonheur, [mon remor] ma fatalité, mon ver, et qui
[Je] quoique [le monde me parût très nouveau, à moi qui
avais] levé toutes les impressions possibles ; faisant ma vie
trop immense énervait même après que ma (*illisible*) pour
        seulement
armer sincer         la force et la beauté.
        bien réellement
Dans les plus grandes villes, à l'aube, *ad matutinum,*
                                       *diluculum*
au *Christus venit,* [quand pour les hommes forts le Christ
vient] sa dent, douce à [la] mort, m'avertissait avec le chant
du coq. * Bonr[7].

Si faible je ne me crus plus supportable dans la société,
               quel malheur
qu'à force de         pitié     Quel cloître possible pour ce
beau dégoût ? (*illisible*) Cela s'est passé peu à peu.
Je hais maintenant les élans mystiques et les bizarreries de
style. Maintenant je puis dire que l'art est une sottise. Nos
grands poètes (*illisible*) aussi facile : l'art est une sottise.
Salut à la bont

---

**6.** C'est Bouillane de Lacoste qui a le premier compris les mots presque
illisibles où Cazals lisait : *Confession du marin* ; **7.** Abréviation, à peu près
certaine, pour *Bonheur.*

# JUGEMENTS

## I. Rimbaud vu par Verlaine.

a) *Extraits de lettres :*

Venez, chère grande âme, on vous appelle, on vous attend!

Début de septembre 1871.

C'est ça : aime-moi, protège et donne confiance. Étant très faible, j'ai très besoin de bontés.

2 avril 1872.

Prudences!

Faire en sorte, au moins quelque temps, d'être moins terrible d'aspect qu'avant : *linge, cirage, peignage, petites mines.* Ceci nécessaire si toi entrer dans projets tigresques; moi, d'ailleurs, lingère, brosseur, etc. (si tu veux).

Mai 1872.

Seulement, comme je t'aimais immensément (Honni soit qui mal y pense!) je tiens aussi à te confirmer que, si d'ici à trois jours, je ne suis pas r' avec ma femme, dans des conditions parfaites, je me brûle la gueule. Trois jours d'hôtel, un *rivolvita*, ça coûte : de là, ma « pingrerie » de tantôt. Tu devrais me pardonner.

3 juillet 1873.

Vuidons la question Rimbaud. D'abord, j'ai tout fait pour ne pas me brouiller avec lui. Le dernier mot de ma dernière lettre à lui fut : *Cordialement.* Et je lui expliquais en détail mes raisons arithmétiques de ne pas lui envoyer d'argent. Il a répondu :

1º Des impertinences agrémentées d'annonces obscures de chantage;

2º Par des comptes d'apothicaire où il m'était démontré que c'était une bonne affaire pour moi de lui prêter la somme en question.

Donc, je ne me suis pas *brouillé.* J'attends excuses, sans promettre.

Octobre 1875.

Je vais me mettre à un *Rimbaud :* mort ou non, il faut qu'il soit fait. Et nous nous occuperons sérieusement d'une édition épatante de lui, dès que ma situation sera un peu tranquille.

24 février 1887.

b) *Extraits de préfaces et d'articles critiques :*

Nous ne connaissons pour notre part dans aucune littérature quelque chose d'un peu farouche et de si tendre, de gentiment caricatural et de si cordial, et de si *bon*, et d'un jet franc, sonore, magistral, comme *les Effarés*.

Les Poètes maudits (1884).

Bien d'autres exemples de grâce exquisement perverse ou chaste à vous ravir en extase, nous tentent, mais les limites normales de ce second essai, déjà long, nous font une loi de passer outre à tant de délicats miracles, et nous entrerons sans plus de retard dans l'empire de la Force splendide où nous convie le magicien avec son : *Bateau ivre*.

Les Poètes maudits (1884).

Quant au sonnet des *Voyelles*, il n'est ici publié ci-dessous qu'à cause de sa juste célébrité et pour l'explication de la caricature. L'intense beauté de ce chef-d'œuvre le dispense, à mes humbles yeux, d'une exactitude théorique dont je pense que l'extrêmement spirituel Rimbaud se fichait sans doute pas mal. Je dis ceci pour René Ghil qui pousse peut-être les choses trop loin quand il s'indigne *littéralement* contre cet « U vert », où je ne vois, moi public, que les trois superbes vers : « U, cycles, *etc.* »

Les Hommes d'aujourd'hui (1888).

Quant aux *Premières Communions*, dont j'ai sévèrement parlé dans mes *Poètes maudits*, à cause de certains vers affreusement blasphémateurs, c'est si beau aussi — n'est-ce pas ? — à travers tant de coupables choses... pourtant !

Poésies complètes
d'Arthur Rimbaud (1895).

Son vers, solidement campé, use rarement d'artifices. Peu de césures libertines, moins encore de rejets. Le choix des mots est toujours exquis, quelquefois pédant à dessein. La langue est nette et reste claire quand l'idée se fonce ou que le sens s'obscurcit. Rimes très honorables.

Nous ne saurions mieux justifier ce que nous disons là qu'en vous présentant le sonnet des *Voyelles*.

Les Poètes maudits (1884).

Quelques poèmes en prose ou vers libres, très libres, qui ont fait école, paraît-il, mais ce n'est pas leur faute — car ils sont vraiment inimitables dans leur beauté mystérieuse et leur français, qui n'a rien de ronsardisant ni d'exotique, — ce qui me semble l'*omne punctum tulit*.

The Senate (1895).

c) *Poèmes :*

## À ARTHUR RIMBAUD

Mortel, ange ET démon, autant dire Rimbaud,
Tu mérites la prime place en ce mien livre,
Bien que tel sot grimaud t'ait traité de ribaud
Imberbe et de monstre en herbe et de potache ivre.

Les spirales d'encens et les accords de luth
Signalent ton entrée au temple de mémoire
Et ton nom radieux chantera dans la gloire,
Parce que tu m'aimas ainsi qu'il le fallut.

Les femmes te verront, grand jeune homme très fort,
Très beau d'une beauté paysanne et rusée,
Très désirable d'une indolence qu'osée !

L'histoire t'a sculpté triomphant de la mort
Et jusqu'aux purs excès jouissant de la vie,
Tes pieds blancs posés sur la tête de l'Envie !

*Le Chat noir* (24 août 1889).

## À ARTHUR RIMBAUD

*Sur un croquis de lui par sa sœur.*

Toi mort, mort, mort ! Mais mort du moins tel que tu veux,
En nègre blanc, en sauvage splendidement
Civilisé, civilisant négligemment...
Ah ! mort ! Vivant plutôt en moi de mille feux

D'admiration sainte et de souvenirs feux
Mieux que tous les aspects vivants même comment
Grandioses ! de mille feux brûlant vraiment
De bonne foi dans l'amour chaste aux fiers aveux.

Poète qui mourus comme tu le voulais,
En dehors de ces Paris-Londres moins que laids,
Je t'admire en ces traits naïfs de ce croquis,

Don précieux à l'ultime postérité
Par une main dont l'art naïf nous est acquis,
Rimbaud ! *Pax tecum sit ! Dominus sit cum te !*

*La Plume* (15 février 1893).

## II. Autres jugements sur Rimbaud.

C'était le moment où l'école décadente venait de naître à la lumière et, comme les grenouilles de la fable, ses adeptes demandaient un roi. Verlaine, à qui l'on offrait la place, mais qui avait de la méfiance, joua le rôle d'un Monck littéraire, et proposa Rimbaud. Rimbaud était absent, disparu, évanoui, et ne pouvait décliner cet honneur. De plus, on le disait mort, c'était tout profit, il ne porterait ombrage à personne : on l'accepta d'enthousiasme.

Georges Izambard,
*la Liberté* (16 juillet 1898).

Paul Verlaine le tient pour un grand poète et vante ses vers « délicieusement faux exprès ». Pourtant, je n'oserais pas recommander les œuvres complètes d'Arthur Rimbaud à des personnes qui ne seraient pas rompues de longue date aux difficultés de la littérature décadente. Le bibliophile Vanier vient de donner une réimpression des *Illuminations* et de *Une saison en enfer*, avec notice de Paul Verlaine.

Je trouve dans la *Saison en enfer* cette page très belle :

« Je me rappelle l'histoire de France, fille aînée de l'Église. J'aurais fait, manant, le voyage de Terre-Sainte ; j'ai dans la tête des routes dans les plaines souabes, des vues de Byzance, des remparts de Solyme : le culte de Marie, l'attendrissement du Crucifié s'éveillent en moi parmi mille féeries profanes.

« Je suis assis, lépreux, sur les pots cassés et les orties, au pied d'un mur rongé par le soleil. — Plus tard, reître, j'aurais bivaqué sous les nuits d'Allemagne.

« Ah ! encore : je danse le sabbat dans une rouge clairière, avec des vieilles et des enfants.

« Je ne me souviens pas plus loin que cette terre-ci et le christianisme. Je n'en finirais pas de me revoir dans ce passé. Mais toujours seul, sans famille ; même, quelle langue parlè-je ?

« Je ne me vois jamais dans les conseils du Christ ; ni dans les conseils des seigneurs, — représentants du Christ. »

Il faut bien reconnaître que cette prose a le nombre, le rythme et le charme mystérieux des plus beaux vers[1].

Anatole France,
*l'Univers illustré* (28 novembre 1891).

Si *le Bateau ivre* rappelle en intention *le Voyage* (de Baudelaire), cela n'empêche pas l'œuvre d'être personnelle, d'être jaillie du fond même de Rimbaud et d'avoir en elle l'originalité inhérente

---

1. La citation n'est pas tout à fait conforme à la version originale ; voyez p. 60.

et nécessaire au chef-d'œuvre. Là Rimbaud est comme sur le seuil de sa personnalité : sorti des limbes et des éducations, il s'aperçoit et s'apparaît en grandes lignes, d'un coup : c'est évidemment de beaucoup le plus beau de ses poèmes, des quelques-uns destinés à vivre. [...]

C'est par cette habileté verbale et pour sa franchise à présenter des rêveries féeriques et hyperphysiques comme de simples états d'âme, à les démontrer états d'âme ou d'esprit, et justement, puisque son esprit les contenait, que Rimbaud vivra. Il a été un des plus beaux servants de la Chimère. Il a été un idéaliste, sans bric-à-brac de passé, sans étude traînante vers des textes trop connus. Il a été neuf sans charabia. Il a été un puissant créateur de métaphores. On ne pourra regretter en cette œuvre que son absence de maturité et aussi sa brièveté.

G. Kahn,
*Revue blanche* (août 1898).

Il a la sincérité du génie. Il n'a pas envisagé la poésie comme un moyen de parvenir. Elle a été pour lui un exutoire du malaise que lui causait la vie sociale. Il a cherché à se libérer par elle d'une souffrance physiologique et cette houle déferle à travers les strophes du *Bateau ivre ;* c'est une houle intérieure dont le ressac sur sa sensibilité le blessait et qui a trouvé dans l'appareil prosodique un moyen de s'épandre au dehors.

Jules de Gaultier,
*Mercure de France*, 1er mars 1924.

Dans l'œuvre de ce poète adolescent, les vers importent moins que la prose. Les poèmes en vers sont brutaux et grossiers, puissamment colorés, et les souvenirs de Hugo ou d'autres n'y manquent pas. Rimbaud ne les destinait point à l'impression, donnait le manuscrit à n'importe qui sans plus s'en soucier, ce qui nous en reste ayant été conservé par des amis étonnés, dont Verlaine. [...]

L'œuvre vraiment géniale de Rimbaud est faite de deux plaquettes de poèmes en prose, les *Illuminations* et *Une saison en enfer,* cette dernière imprimée — la seule de ses œuvres — par les soins de Rimbaud, qui d'ailleurs s'en désintéresse aussitôt et l'abandonne à l'imprimeur pour s'en aller sur la planète. La prose électrique et sèche des *Illuminations* n'a été mise à sa place qu'au bout d'un demi-siècle : visions de route, de campagne, de voyage à pied, d'alcools, qui pourraient passer pour le chef-d'œuvre de la poésie si la poésie se mesurait (comme il n'est pas impossible qu'elle le fasse un jour) à la somme de nouveauté cohérente qu'elle crée. Dans *Une saison en enfer,* digne de son titre, Rimbaud a jeté sur le papier en une langue ardente, nue, efficace, la confession désespérée d'un être sans amour et sans joie, dont les furieuses expériences ont échoué : détestation de l'Europe, et de ses lois par le poète qui l'a assez vue, et qui rentre dans l'état de nature, dans la lumière brute. Un pareil testament interdit toute littérature. Rimbaud allait passer plus tard pour avoir posé par les *Illuminations* et la *Saison* les colonnes d'Hercule du monde littéraire. Après tout, cette géographie est vraie.

A. Thibaudet,
*Histoire de la littérature française de 1789 à nos jours* (1936).

En mettant à part les poèmes qui se rattachent directement à son idée de vocation prophétique (contes allégoriques, paraboles, symboles), on peut ranger ensemble un assez grand nombre de pièces des *Illuminations* qui sont proprement les visions du *voyant* et nous apportent les reflets et les échos de l'univers rimbaldien. Or, s'il est possible d'y reconnaître au passage des sensations et des objets familiers — une fleur, une cascade, un goût de cendre, une odeur de bois dans l'âtre —, s'il est vrai que ces objets s'offrent à nous, en général, avec l'indice de réalité qui caractérise le monde sensible, les relations qu'ils nouent entre eux et les rythmes qui les entraînent, l'architecture de l'ensemble, surtout, nous frappent aussitôt par leur aspect d'irrémédiable étrangeté. Mal assises et toujours incertaines de leur identité, les choses échappent à elles-mêmes et font éclater les cadres où nous les enfermons ; leur relief, leur densité, en chacune des situations où le poète les engage, ne les empêchent pas de glisser d'une forme à l'autre, à la façon des constructions éphémères du kaléidoscope. Tantôt les menaces s'accumulent dans une atmosphère de grande mort cosmique et les objets, comme saisis de panique, cèdent à une espèce de gravitation incohérente, tantôt on assiste à l'éclosion d'une féerie d'une fraîcheur surhumaine :

*La douceur fleurie des étoiles, et du ciel, et du reste descend en face du talus, comme un panier, contre notre face et fait l'abîme fleurant et bleu là-dessous.*

Marcel Raymond,
*De Baudelaire au surréalisme* (1947).

Ainsi, chacun se fait de Rimbaud une idée qui lui est propre, qu'il cherche à traduire d'un seul mot : le voyant, le voyou, le vivant, le mystique, l'athée, le kabbaliste, le surréaliste, l'homosexuel, l'enfant... Il lui devient possible, dans ce cas, de rattacher toutes les démarches, tant de l'adolescence que de la maturité, à une attitude centrale qui tout illumine.

Parmi ces Rimbaud reconstitués, il se peut que l'un d'eux ressemble au vrai. Parmi tant de statues que la critique sculpta, il se peut que l'une d'elles dresse la véritable carrure du poète, bien qu'une thèse en Sorbonne, qui a fait récemment grand bruit, les ait, l'une comme l'autre, renversées.

Mon propos cependant n'a nullement été d'en ériger une nouvelle. Rimbaud me reste mystérieux. Je n'ai pas trouvé le pourquoi satisfaisant. Je n'ai pas trouvé le système qui unifie une diversité si déroutante, si corrosive, qui explique aussi bien les poèmes de jeunesse que la *Saison en enfer* et les *Illuminations*, aussi bien les fugues de Charleville que les explorations et le trafic dans le désert, aussi bien la voyance que le renoncement, les paroles que le silence.

Mais j'ai osé préférer en lui ce que, dans la deuxième partie de sa vie, Rimbaud s'est mis à détester. J'ose considérer avec précaution ce qu'il a rejeté avec violence. J'ose oublier un peu sa personne énigmatique pour revenir à l'œuvre qu'il a abandonnée, et pour, dans l'homme, glorifier l'auteur.

Car la critique véritable commence au texte. Lui seul est pur. Lui seul confesse.

E. Noulet,
*le Premier Visage de Rimbaud* (1953).

Si Rimbaud n'a pas eu d'action sur le symbolisme d'obédience mallarméenne, « hanté par le vieux génie du vers », toutes les tentatives qui ont essayé de forger un instrument plus sourd, mieux adapté à l'émotion créatrice, viennent de lui. Il a montré que la prose pouvait être chant : prosodie. Claudel lui a reconnu une action « séminale ». Nous le retrouvons, au début du XXe siècle, dans la poésie de la sensation directe, de l'image isolée, dans la poésie de l'énumération, du « il y a ». Nous le retrouvons dans la beauté convulsive du surréalisme, dans l'exigence d'une poésie capable de « changer la vie » — et dans le doute, le désespoir toujours liés à cette exigence.

Gaëtan Picon,
*Histoire des Littératures*, Paris, Gallimard, 1958.

En deux lettres, l'une du 13 mai 1871 à Izambard, l'autre du 15, dite « lettre du voyant », à Demeny, il [Rimbaud] trace dans un bouillonnement d'affirmations passionnées son programme nouveau. Le poète n'est plus pour lui le parnassien épris de beauté, mais le Voyant, Prométhée éternellement voleur de feu, savant et maudit. Il pénètre dans l'inconnu, qu'il scrute par « un long, immense et raisonné *dérèglement de tous les sens* ». Par cette science acquise au prix d'une « ineffable torture », il est « chargé » de l'humanité tout entière ; nous dirions aujourd'hui qu'il l'assume. La poésie n'est pas seulement hallucination, elle est action. Tel poète grec auquel il se réfère (rayant d'un coup de plume deux mille ans de « versificateurs ») ; le poète moderne sera prophète : « la poésie ne rythmera plus l'action ; elle sera en avant ».

M. Décaudin,
*Histoire de la littérature française*, Paris, Colin, 1970.

# QUESTIONS

## NARRATION (pp. 13 à 16).

— Pouvez-vous discerner déjà dans ce texte certains traits du Rimbaud de l'adolescence, du révolté ?

— Ce tableau de la vie de famille correspond-il à ce que nous savons de l'enfance du poète ?

— Y a-t-il ici des maladresses de langage ? si oui, lesquelles ? Des réussites de langage ? si oui, lesquelles ?

## CHARLES D'ORLÉANS (pp. 16 à 18).

— Faut-il voir en cette lettre un plaidoyer de Rimbaud pour soi, ou simplement un pastiche ?

— Quels sont les écrivains, les œuvres les plus évidemment pastichés dans ce texte ?

— Quelles réminiscences, quelles citations incorporées à la lettre pouvez-vous identifier ?

## SENSATION (p. 18).

— Quelle est ici la part du convenu ? celle de la sincérité ?

— Pourquoi les vers 4 et 6 n'ont-ils point de césure ?

— L'antithèse du vers 4 vous paraît-elle criarde ou réussie ?

## TÊTE DE FAUNE (p. 19).

— On qualifie souvent de « parnassien » ce court poème. Est-ce judicieux ?

— A quelle expression célèbre de Chateaubriand vous fait penser « la feuillée incertaine » ?

— Les adjectifs sont-ils en progrès sur ceux de *Sensation* ? Si oui, en quoi ?

— Qu'avez-vous à dire sur le dispositif des rimes dans le troisième quatrain ?

— Est-ce hasard si le poème compte tant de *f* ? et de *v* ? Étudiez ici l'effort vers l'allitération ; quels en sont les meilleurs exemples ?

## LES SŒURS DE CHARITÉ (pp. 19-20).

— Que vous suggère la comparaison de ce poème avec *Sensation* et *Tête de Faune* ?

— Faites la part ici de poésie, celle de la prose irritée.

— Pourquoi toutes ces majuscules : Génie, Femme, Sœur, Passion, Nuit, Muse, Rêves, Promenades, etc. ?

— Étudiez le dosage de la brutalité, de la préciosité, de la poésie. Laquelle l'emporte ?

— V. 11. Les deux adjectifs « éternelle et profonde » sont-ils aussi plats qu'ils en ont d'abord l'air ?

— V. 13. Comparez l'image du « monceau d'entrailles » à l'image que Rimbaud se forme de la femme dans le poème suivant.

— V. 27. Que vous suggère ce « viennent » ainsi placé ?

## LES PAUVRES À L'ÉGLISE (pp. 20-21).

— S'agit-il d'un tableau de mœurs, d'un poème ou d'un pamphlet ?

— Des diérèses telles que *collecti//on*, ou plus bas *expressi//ons*; des hiatus déplaisants, mais permis par la métrique traditionnelle : ainsi : *chien-introduit*, ou *prostrée-et*, quelle idée pouvez-vous prendre de la docilité de Rimbaud à cette époque ?

— Connaissez-vous d'autres poèmes de Rimbaud où s'exprime, avec plus de violence encore, son refus du christianisme ?

## LES MAINS DE JEANNE-MARIE (pp. 22 à 24).

— Pouvez-vous indiquer le plan de ce poème ?

— Quelle est dans ce texte la part de l'audace, celle du conservatisme (du point de vue de la facture du vers) ?

— Quels mots vous paraissent précieux, affectés ou démodés ? Quels adjectifs, forts ou beaux ?

— Étudiez les deux images de la deuxième strophe; analysez leurs qualités.

— Voyez-vous pourquoi les surréalistes ont aimé ce poème et lui ont fait un sort privilégié dans l'œuvre de Rimbaud ?

## L'ORGIE PARISIENNE (pp. 24 à 26).

— Si vraiment le lyrisme est le développement d'un cri, d'une exclamation, voici par excellence un poème lyrique · combien d'exclamations, ou d'interrogations dans les dix premières strophes ? Étudiez la ponctuation et le rythme de ces quarante premiers vers.

— Ou bien le lyrisme est-il encore autre chose ? Mais quoi ?

## VOYELLES (pp. 26-27).

— Pour quelle raison — ou quelles raisons — y a-t-il cet ordre apparemment anormal des voyelles ?

— Les deux vers qui concernent la voyelle *U* ne bafouent-ils pas toute interprétation du sonnet par de prétendues correspondances entre couleurs et sons-voyelles ?

— En quoi, plus généralement, les douze derniers vers de ce faux sonnet contredisent-ils la prétendue poétique des deux premiers ?

— En quoi « faux » sonnet ?

— S'il ne cache pas un abîme de mystères, ou la clé d'une poétique, quelle est donc la valeur de ce poème ?

— Quel est ici le rôle de l'allitération ? quel, celui de l'image ?

## QUATRAIN (p. 27).

— Dans quelle mesure ces vers illustrent-ils, ou annoncent-ils,
la lettre qu'on dit « du Voyant » ?

— Par quels procédés de rhétorique le poète a-t-il obtenu la
perfection de ce quatrain ?

— Si l'on compare ce « blason » du corps féminin (comme disaient
les poètes anciens) aux plus fameux blasons du seizième siècle,
pourquoi Rimbaud l'emporte-t-il de beaucoup ?

— Le parallélisme sonore : « a pleuré rose » — « a perlé rousse »,
est-il fortuit, consenti ou voulu ? Justifiez votre réponse.

## LES CHERCHEUSES DE POUX (p. 28).

— Ce très joli poème ne prouve-t-il pas qu'il n'y a point de
« sujets poétiques » ?

— Étudiez, dans ces vingt vers, la nature des consonnes, leurs
points d'articulation, et leurs rapports avec l'émotion poétique.

— Analysez la valeur expressive de l'enjambement aux vers 11-12.
Le rejet du vers 14 vous paraît-il aussi heureux, aussi nécessaire ?

## LE BATEAU IVRE (pp. 28 à 32).

— Peut-on faire le plan de ce poème ? Sinon, qu'en faut-il
conclure ?

— Quels symboles divers déchiffrez-vous dans *le Bateau ivre* ?

— S'agit-il néanmoins d'un poème « symboliste » ? Quelles diffé-
rences entre un poème « symbolique » et le poème « symboliste » ?

— Comparez ce poème à quelques-uns de ceux qui, dans *le
Parnasse contemporain*, traitent le même sujet : en quoi celui de
Rimbaud, malgré ses faiblesses, l'emporte-t-il, et de beaucoup ?

## LES DÉSERTS DE L'AMOUR (pp. 32 - 33).

— Étudiez, dans cette page, l'héritage de J.-J. Rousseau, et
celui de *René*.

## LETTRE À PAUL DEMENY (pp. 33 à 38 ).

— Rimbaud est-il le critique littéraire au goût très sûr, celui
qu'on prétend tirer de cette lettre familière ?

— Ainsi, vous paraît-il justifié de rapprocher Rabelais, Voltaire,
La Fontaine et Musset ?

— Ne pourrait-on retourner aujourd'hui contre Rimbaud sa
propre « critique » et dire « à dix-huit ans, à dix-sept même, tout

collégien qui a le moyen, fait le Rimbaud, écrit un *Bateau ivre* » ? Cela suffirait-il à condamner Rimbaud ?

— Y a-t-il tant de nouveauté qu'on l'a dit dans la théorie du « voyant » ? En qualifiant de « voyants » les Parnassiens, Leconte de Lisle et Banville, Rimbaud ne manifeste-t-il point le vague de sa formule, louant ici des qualités tout extérieures, ailleurs aspirant à sonder l'*inconnu ?*

### Larme (pp. 41-42).

— En quoi le ton de *Larme* tranche-t-il sur celui de la plupart des poèmes précédents ?

— Étudiez ici la technique de l'hendécasyllabe ; en particulier le curieux mélange de rimes et d'assonances ; l'effet des coupes.

— Ne dirait-on pas que Rimbaud cherche la forme qui deviendra celle des *Illuminations* en prose ? Quels indices en avons-nous ?

### Qu'est-ce pour nous... (pp. 42-43).

— Dans les trois premières strophes, de rimes toutes masculines, faut-il voir, ainsi que dans l'hendécasyllabe de *Larme*, une influence verlainienne ?

— Peut-on justifier, par le *sens* du poème, cette série de strophes masculines ? Sinon, que signifient-elles ?

### Michel et Christine (pp. 43-44).

— En quoi ce poème vous paraît-il se conformer à la doctrine de l'Alchimie du Verbe ?

— Étudiez ici l'hendécasyllabe ; dans quelle mesure conduit-il Rimbaud vers des rythmes de prose ?

— Analysez le rôle de l'*e* qu'on dit muet, sourd, caduc, et qui, dans ces vers, souvent est employé pour donner un sentiment de longueur :

> *Nuages célestes qui courent et volent*
> *Sur cent Solognes longues comme un railway*

(alors que la prononciation du français raccourcit quasiment ces vers jusqu'au déca- et à l'octosyllabe).

— Étudiez ici la dislocation de la poétique traditionnelle : mots qui ne riment avec rien ; article *les* à la rime, etc.

### Marine. Mouvement (pp. 44-45).

— Faire l'analyse des propositions ; celles des groupes de mots, avec leur fonction grammaticale. Ne découvre-t-on pas alors le secret si fréquent de la plupart des prétendus « vers libres » ? S'agit-il d'autre chose que du découpage d'un texte de prose, et de telle sorte que les structures grammaticales en deviennent évidentes ?

— Étudiez la confusion, la fusion des deux séries d'images : les courants de la lande, les ornières du reflux.

— Étudiez la succession des temps forts et des temps faibles. S'agit-il encore de rythmes poétiques (c'est-à-dire : iambico-anapestiques, avec plusieurs variétés de péons) ou bien de rythmes strictement prosaïques (avec beaucoup plus de syllabes brèves inaccentuées que n'en peut tolérer le vers) ?

— Que reste-t-il à Rimbaud, qui le distingue ici d'un prosateur ?

### APRÈS LE DÉLUGE (pp. 47-48).

— Pourquoi cette brièveté si souvent de la phrase, dans ce texte ?

— Étudiez l'opposition entre le rythme des phrases, à l'avant-dernier paragraphe, et celui des autres phrases : est-ce justifié par le sens ?

### MATINÉE D'IVRESSE (pp. 48-49).

— Le « temps des *Assassins* » est devenu notre « tarte à la crème » : que signifie cette expression, au juste ?

— Montrez en quoi cette illumination illustre un aspect au moins de la « voyance ».

### DÉMOCRATIE (p. 50).

— Pourquoi tant d'adjectifs paroxystiques, dans ce texte ?

### PARADE (p. 51).

— Est-il admissible qu'un écrivain se pique d'avoir seul la « clef » de sa « parade » ? La littérature n'est-elle point un art de communication ?

— Malgré leurs beautés rares, n'est-ce pas un grave défaut, pour les *Illuminations*, que nous ne sachions presque jamais ce que Rimbaud *veut* dire ?

### ORNIÈRES (p. 52).

— Voici, en revanche, une « illumination » assez claire, indiscutable. *Illumination* signifie parfois *enluminure*, en notre langue : n'a-t-on pas tort de systématiquement l'oublier, quand on lit ces textes de prose ?

### VILLE (pp. 52-53).

— Rimbaud semble alors aimer « piaulant », qu'il emploie dans *Ville*, et dans *Après le déluge* (*des chacals* piaulant) : pouvez-vous expliquer le charme qu'il lui trouve ?

— Essayez de marquer la part du rêve, et celle de la réalité, dans cette *Ville*.

### VILLES (pp. 53-54).

— Là encore, essayez de marquer la part du détail rêvé ; celle du détail observé, transfiguré.

### ANTIQUE (p. 54).

— A propos de *tes yeux, des boules précieuses,* étudiez les diverses façons de présenter une « image » ; l'apposition n'est-elle pas une des plus convaincantes ? pourquoi ? (comparez, deux lignes plus bas : *Ta poitrine ressemble à une cithare*).

### MYSTIQUE (p. 55).

— Que vous dit : « herbages d'acier et d'émeraude » ?
— Pourquoi tous ces « tous », dans le second paragraphe ?
— Étudiez l'harmonie du dernier paragraphe : l'utilisation des spirantes et les autres effets.

### FLEURS (p. 55).

— Comparant ce texte au poème plus ancien : *Ce qu'on dit au poète à propos de fleurs* (p. 73. note 2), pouvez-vous en expliquer un peu mieux la genèse ?
— Ce texte forme-t-il un tout ? Chacune des phrases, chacune des fleurs, garde-t-elle son quant-à-soi ?

### CONTE (p. 56).

— Si joli dans sa forme, en quoi ce *Conte* est-il un chant de désespoir ?
— En quoi offre-t-il une sorte de transition logique, si l'on veut, vers la *Saison* ?
— Que signifie dans ce texte l'abondance des adjectifs à forme négative : « ineffable », « inavouable », « indicible », « insupportable » ? (Ne trouve-t-on pas des théologiens pour estimer que Dieu ne peut se définir que par des négations ?)

### ÉBAUCHES  *Beth-Saïda* (pp. 57-58).

— Comparez avec minutie le texte de saint Jean et celui de Rimbaud : comment alors expliquer que Paterne Berrichon, qui d'ailleurs lisait *Cette Saison* sur le manuscrit, au lieu de « Beth-Saïda », ait fait de cette prose une pieuse introduction à la *Saison* ?

### MAUVAIS SANG (pp. 59 à 63).

— Étudiez, dans ces textes, la part de l'autobiographie spirituelle ; celle des lectures ; celle du rêve.
— Quels procédés de stylistique emploie Rimbaud pour obtenir ce ton haletant ?

— Quelle différence de ton entre la section « On ne part pas » (p. 61) et la section « Encore tout enfant » (p. 62)?

— Ce début de la *Saison* mérite-t-il pleinement le titre ancien : *Livre nègre*, ou *Livre païen*?

### DÉLIRES I :
#### VIERGE FOLLE, L'ÉPOUX INFERNAL (pp. 63 à 67).

— Faire le plan de ce *Délire*. Est-il donc si délirant? N'est-il pas plutôt bien « raisonné », ainsi que l'exige l'esthétique de Rimbaud où le dérèglement lui-même doit être « raisonné »?

— A partir de la confession du compagnon d'enfer, quelle image de Verlaine vous formez-vous? Quelle, de Rimbaud? Vous semblent-ils ressemblants, les deux acteurs?

### DÉLIRES II : ALCHIMIE DU VERBE (pp. 67 à 72).

— Puisque Rimbaud considère comme « une de ses folies » toute la poétique du « voyant », et les œuvres qui s'en déduisent, comment vous expliquez-vous, par quelles circonstances historiques notamment, que les soi-disant disciples de Rimbaud ne fassent confiance qu'aux *folies*?

— Dans les « Chansons » que reproduit Rimbaud, étudiez les moyens qu'il emploie pour se donner « une expression bouffonne et égarée au possible ».

— Quelles expressions ici ont pu créer l'ambiguïté, et faire dériver le *Livre païen*, dans l'esprit des glossateurs, vers un livre qui deviendrait *chrétien*?

— Comparez la chanson *Loin des oiseaux...* (p. 68) à la version de la page 41. Étudiez les rimes du genre *bruyère - vert - couvert; soir - mares - boire; Oise - case.*

### ADIEU (pp. 72 à 74).

— Ici, il y a, de nouveau, une apparente ambiguïté : « la charité serait-elle sœur de la mort, pour moi? », « la vision de la justice est le plaisir de Dieu seul ». Si facile à entretenir quand on isole une phrase ou quelques mots, cette ambiguïté subsiste-t-elle vraiment lorsqu'on s'en tient au texte entier?

— « *Moi ! moi qui me suis dit mage ou ange*, etc. » N'est-ce pas là le *dernier mot* de la *Saison*, et de Rimbaud? Comment expliquer alors que les soi-disant disciples de Rimbaud n'aiment pas qu'on le rappelle?

— Le créateur est-il « dispensé de toute morale »? N'y aurait-il pas, pour lui, double exigence : celle en lui de tout homme; celle en lui de l'écrivain, à qui l'usage des mots confère tant de pouvoir, de responsabilité?

— Ne convient-il pas de distinguer avec soin « morale » et « conformisme »? Rimbaud n'a-t-il pas *toujours* confondu l'une et l'autre?

### Lettre à Ernest Delahaye (pp. 75-76).

— Avec les surréalistes, faut-il, peut-on considérer le *Rêve* comme un des sommets de la poésie rimbaldienne ?

— Cette lettre ne glose-t-elle pas l' « Adieu » de la *Saison ?* quant aux idées ? quant au style ?

### Rapport sur l'Ogadine (pp. 77 à 79).

— Comparez le style de ce rapport à celui des *Illuminations*, à celui de la *Saison*.

### Aux siens (pp. 79 à 82).

— Comparez cette lettre du 15 janvier 1885 à la première composition française du jeune Rimbaud.

### À M. Bardey (p. 82).

— Comparez ce rapport et celui sur l'Ogadine.

# SUJETS DE DEVOIRS

— On classe volontiers Rimbaud parmi les précurseurs du symbolisme. Est-ce admissible ?

— Benjamin Fondane écrit que « la vie de Rimbaud juge le surréalisme »; en quel sens ?

— Selon E. Noulet, Rimbaud aurait « créé, inventé la poésie de la sensation »; qu'en pensez-vous ?

— « Faut-il voir dans l'évolution du style de Rimbaud vers la brièveté une simple mise au point technique ? N'est-ce que pour rendre sa phrase plus harmonieuse que le poète s'est appliqué à la resserrer ? Je pense que c'est pour la rendre plus vraie », écrit Jacques Rivière. Que vous en semble ?

— « Si la prose et certains des derniers poèmes de Rimbaud déclinent vers la décadence, écrit un critique russe, c'est bien la preuve que cet artiste petit-bourgeois s'est tourné vers l'imagination (...). » Appréciez ce curieux jugement.

— André Breton estime que chez Rimbaud « les *cimes* sont atteintes dans *Dévotion* et dans *Rêve* ». Montrez en quoi cette opinion apparemment paradoxale est dans la logique même du surréalisme.

— En quel sens peut-on dire, comme Félix Fénéon dès 1886, que Rimbaud écrivit une œuvre « hors de toute littérature et probablement supérieure à toute » ?

— On tentera d'appliquer aux *Illuminations* le jugement de Michel Décaudin : « On a donné de ces textes les explications les plus différentes : exercices spirituels et même expériences mystiques, expression d'une sagesse pythagoricienne ou hindoue, compositions d'inspiration alchimique, etc. Rappelons-nous que Rimbaud leur donnait comme sous-titre *Painted Plates*, c'est-à-dire *enluminures*. Il s'agit d'une nouvelle tentative de voyance ou d'hallucination. Visions messianiques, accès d'angoisse, descriptions hallucinées de paysages composent dans l'ivresse de la liberté un univers nouveau : « parade sauvage » aux images imprévues et envoûtantes dont « seul » le poète « possède la clé ». »

— On étudiera *le Bateau ivre* en tenant compte de ces lignes de G. Picon : « *Le Bateau ivre*, après tout, est un poème comme les autres, en ce sens qu'il repose sur la dualité du poète qui parle et des choses dont il parle. Ce que dit le poète est sans doute présent pour lui : mais vu à distance. Si étranges et neuves que soient les images, elles sont accueillies sans surprise, car tout indique qu'elles sont imaginées par quelqu'un dont le dessein est justement d'imaginer. L'univers du *Bateau ivre* est rassurant, pour être conforme à la modalité fondamentale de tout univers humain : univers pour quelqu'un, objet pour un sujet, spectacle pour un spectateur. »

# TABLE DES MATIÈRES

Mame Imprimeurs - 37000 Tours.
Dépôt légal Septembre 1972. – N° 26790. – N° de série Éditeur 16229.
IMPRIMÉ EN FRANCE *(Printed in France).* – 870 148 I – Juillet 1991.